AF316849

100 FAITS INCROYABLES POUR LES ENFANTS

Une collection de faits fascinants que les petits peuvent apprendre tout en s'amusant

Brice Brant

Special Art

100 faits incroyables pour les enfants

Une collection de faits fascinants que les petits peuvent apprendre
tout en s'amusant

Brice Brant

Hardcover ISBN: 9791255530404
support@specialartbooks.com
www.specialartbooks.com

Contenu

« Plus tu liras, plus tu sauras de choses. Plus tu apprendras, plus tu iras loin. »

- Dr. Seuss

Peut-être connais-tu l'expression *«savoir, c'est pouvoir»*. Mais sais-tu que certaines des choses à savoir peuvent être très amusantes ? Le monde est plein de choses surprenantes à découvrir ! T'arrive-t-il quand tu regardes le ciel de te demander pourquoi il est si bleu ? Ou de quoi sont faits les nuages ? Sais-tu que les serpents dorment avec les yeux ouverts ? Et que la langue du caméléon est aussi longue que son corps ? Ce livre est plein de questions et de réponses surprenantes !

Une fois la lecture terminée, tu seras un expert en faits étranges et vraiment bizarres ! Tu pourras étonner ta famille et tes amis en leur racontant des tas de choses fascinantes sur les animaux, la science, l'histoire et même le corps humain. En même temps, tu ne cesseras jamais d'apprendre !

Nous commencerons par les animaux. Sais-tu, par exemple, que l'ours polaire n'est pas blanc, mais

incolore ? Et que les yeux d'une autruche sont plus grands que son cerveau ? Certains des faits que tu découvriras sont un peu… dégoûtants, d'autres t'étonneront et certains te seront même utiles à l'école ! Tu pourras raconter à toute ta classe ce que tu as appris ou même préciser à tes professeurs des choses que tu auras apprises ici et qu'il te semblera important de mentionner.

Ensuite, nous parlerons science et technologie, des planètes, de l'espace et de la façon dont le monde fonctionne. Avec ces nouvelles connaissances, tu étonneras tes amis encore plus ! Tu apprendras également l'histoire et les événements qui se sont produits par le passé. Rappelle-toi de ne pas garder toutes ces connaissances pour toi ! Partage-les pour que ta famille, tes professeurs et tes amis puissent, tout comme toi, découvrir de nombreuses choses curieuses et fantastiques.

Es-tu prêt à apprendre plein de choses agréables et amusantes ? Nous l'espérons de tout cœur !

Avec toutes ces informations intéressantes, ton cerveau va se développer très rapidement !

Prépare-toi à apprendre !

Le règne animal

1. Les gorilles rotent lorsqu'ils sont heureux.

Sais-tu que les gorilles rotent ? Dans certains pays, roter est considéré comme impoli, mais pas pour nos amis de la jungle ! Pour les gorilles, les éructations sont un signe de bonheur. Quand un gorille est heureux, il émet un léger bruit qui vient de son estomac et de sa poitrine. Cela peut se produire après un repas, à la fin d'une longue journée, ou même lors d'un moment de détente avec sa famille. Il le fait parce qu'il est heureux, c'est-à-dire qu'il se sent bien. Donc, si jamais tu vas visiter un zoo et que tu entends un gorille roter, tu sauras qu'il est heureux!

2. Les étoiles de mer n'ont pas de cerveau ni de sang et ne sont pas des poissons.

Pour être un poisson, il faut avoir des branchies, des écailles ou des nageoires. Ça fait beaucoup, non ? En fait, certaines espèces qui vivent dans l'eau n'ont

rien de tout ça, comme par exemple nos étoiles de mer ! Sais-tu qu'elles ne font pas partie des poissons ? Bien qu'elles nagent et vivent dans l'eau comme eux, leur anatomie, c'est-à-dire leur structure, est très différente ! Les étoiles de mer n'ont ni sang ni cerveau. Elles utilisent l'eau de mer pour pomper les nutriments dont elles se nourrissent, afin qu'ils pénètrent dans leur corps. Mais ne crois pas qu'elles soient bêtes juste parce qu'elles n'ont pas de cerveau ! L'étoile de mer est une créature extraordinaire et unique qui fascine les scientifiques depuis des années !

3. Les cerfs changent leurs bois chaque année.

Cela va peut-être t'étonner, mais les bois d'un cerf sont assez fragiles. Pourtant, ils ont l'air si solides ! Au printemps, les cerfs commencent à perdre leur bois, tout comme d'autres animaux perdent d'autres parties de leur corps. Les serpents perdent leur peau qu'on appelle la mue, tandis que les chiens ou les chats perdent leurs poils à certaines périodes de l'année.

Le processus de mue dure environ deux semaines, puis les bois commencent à repousser. Les bois de cerf sont des os dont la croissance est très rapide d'après ce que l'on sait. La prochaine fois que tu seras dans une forêt, cherche des bois tombés au sol, généralement au printemps. Tu y trouveras peut-être un joli souvenir !

4. Un grizzly mord si fort qu'il peut casser une boule de bowling.

Non, évidemment un ours ne mange pas des boules de bowling. Ce n'est pas très bon. Tu le sais même si tu n'as pas essayé ! Personne ne mange de boules de bowling au petit-déjeuner. Toutefois, si un grizzly VOULAIT manger une boule de bowling, il pourrait certainement le faire. Il faut environ 360 kilos de force pour écraser une boule de bowling et un grizzly peut le faire d'un seul coup ! Si tu en croises un, ne touche pas à ses dents ! D'ailleurs, il ne les brosse même pas...

5. Les chats ne miaulent que pour les humains.

Un chaton peut miauler pour attirer l'attention de sa mère, mais il abandonne cette habitude lorsqu'il atteint l'âge adulte. Les chats adultes ne communiquent que très peu avec d'autres chats en miaulant. Ils s'expriment plutôt par des mouvements du corps et des odeurs et non par des sons.

Cependant, lorsqu'ils communiquent avec des humains, ils se comportent de manière très différente. Lorsqu'un chat miaule, c'est comme s'il parlait une deuxième langue faite pour toi ! Les scientifiques ont également émis l'hypothèse que les chats miaulent de certaines manières pour « manipuler » leurs propriétaires. Par exemple, si ton chat a faim, il miaule de façon triste pour attirer ton attention. Ou bien s'il veut un câlin, il le fait d'une manière douce pour se faire caresser. Les chats savent généralement comment obtenir ce qu'ils veulent ! La prochaine fois que tu entendras un chat miauler, essaye de comprendre ce qu'il te dit ! Tu pourrais avoir une belle conversation.

6. Les chiens ne voient pas seulement en noir et blanc.

As-tu déjà entendu dire que les chiens ne peuvent voir qu'en noir et blanc ? Beaucoup de personnes le pensent, mais les scientifiques ont prouvé que c'est faux. En fait, les chiens ne perçoivent pas le rouge ou le vert, mais ils voient le jaune, le blanc, le bleu et le brun.

Ainsi, si tu portes une chemise rouge, elle paraîtra brune à ton chien. C'est pourquoi tu ne dois jamais demander à un chien des conseils sur la façon de t'habiller ! Tes amis à quatre pattes voient uniquement ces couleurs spécifiques, car l'anatomie de leurs globes oculaires est différente de la tienne. Cela s'appelle la « vision dichromatique ». Leur vision est généralement un peu floue et les couleurs ne sont pas aussi vives que celles que tu peux distinguer.

Par exemple, un perroquet rouge sera brun-vert pour ton chien.

Cela lui donne une perspective unique du monde !

7. Les poulets sont les plus proches parents du T. Rex.

Le cinéma t'a donné une fausse idée des T. Rex. Des scientifiques pensent qu'ils ne ressemblaient pas aux animaux verts semblables à des lézards que tu peux voir à la télévision. En fait, ils ressemblaient probablement plus à des volatiles !

En effet, ils ont trouvé récemment un fossile de T. Rex dont les tissus mous étaient encore intacts. Ils ont effectué un test ADN sur ce tissu et ont découvert que le plus proche parent vivant du T. Rex est... le poulet !

Nous pensons donc que le T. Rex avait les mêmes pattes, le même cou et même des plumes relativement semblables à celles du poulet. Peux-tu imaginer un poulet géant qui se promènerait et terroriserait la population ? En fait ce serait un T. Rex. Difficile maintenant que tu sais ça de voir *Jurassic Park* de la même manière...

8. Certains oiseaux reconnaissent les visages humains.

Veux-tu devenir ami avec un oiseau ? Les scientifiques ont démontré que c'était possible, car les oiseaux sont capables de reconnaître des traits spécifiques chez les humains, comme la forme de leur visage ou leur physique. Une étude montre que les pigeons sont capables de faire la distinction entre une chose inconnue et une chose familière, en favorisant la chose familière. Il a également été démontré que les pies, les corbeaux et d'autres oiseaux ont cette capacité. Ils sont super intelligents ! Quelques-uns sont même capables d'offrir des cadeaux à un être humain, montrant ainsi qu'ils le considèrent comme un ami. Il y a donc des avantages évidents à se lier d'amitié avec un corbeau ou une corneille. Pourquoi ne pas essayer ?

9. Les serpents dorment avec les yeux ouverts.

Peux-tu dormir avec les yeux ouverts ? Cela semble impossible, n'est-ce pas ? Et pourtant, les serpents le font. Ils ne ferment pas les yeux comme toi parce qu'ils n'ont pas de paupières, mais plutôt une fine couche d'écailles qui protège leurs yeux. En plus ils ne voient pas très bien. Imagine que tu regardes la télévision sur un écran flou et figé. C'est exactement de cette façon que les serpents voient. Ils devraient peut-être porter des lunettes…

10. Certains insectes peuvent péter.

Les champions en la matière parmi les insectes sont les termites, malgré le fait qu'ils aient des phanères très petits. Tout comme chez les humains, les gaz produits par les bactéries de leurs intestins passent, selon le même processus, dans les intestins des insectes et sont ensuite expulsés sous forme de pets.

Malheureusement, il est presque impossible de sentir un pet d'insecte étant donné sa taille. Mais c'est peut-être mieux ainsi ! Les insectes produisent un gaz appelé méthane, tout comme les vaches et les autres animaux de pâturage. Le méthane est utilisé comme combustible et fait partie intégrante de l'atmosphère terrestre.

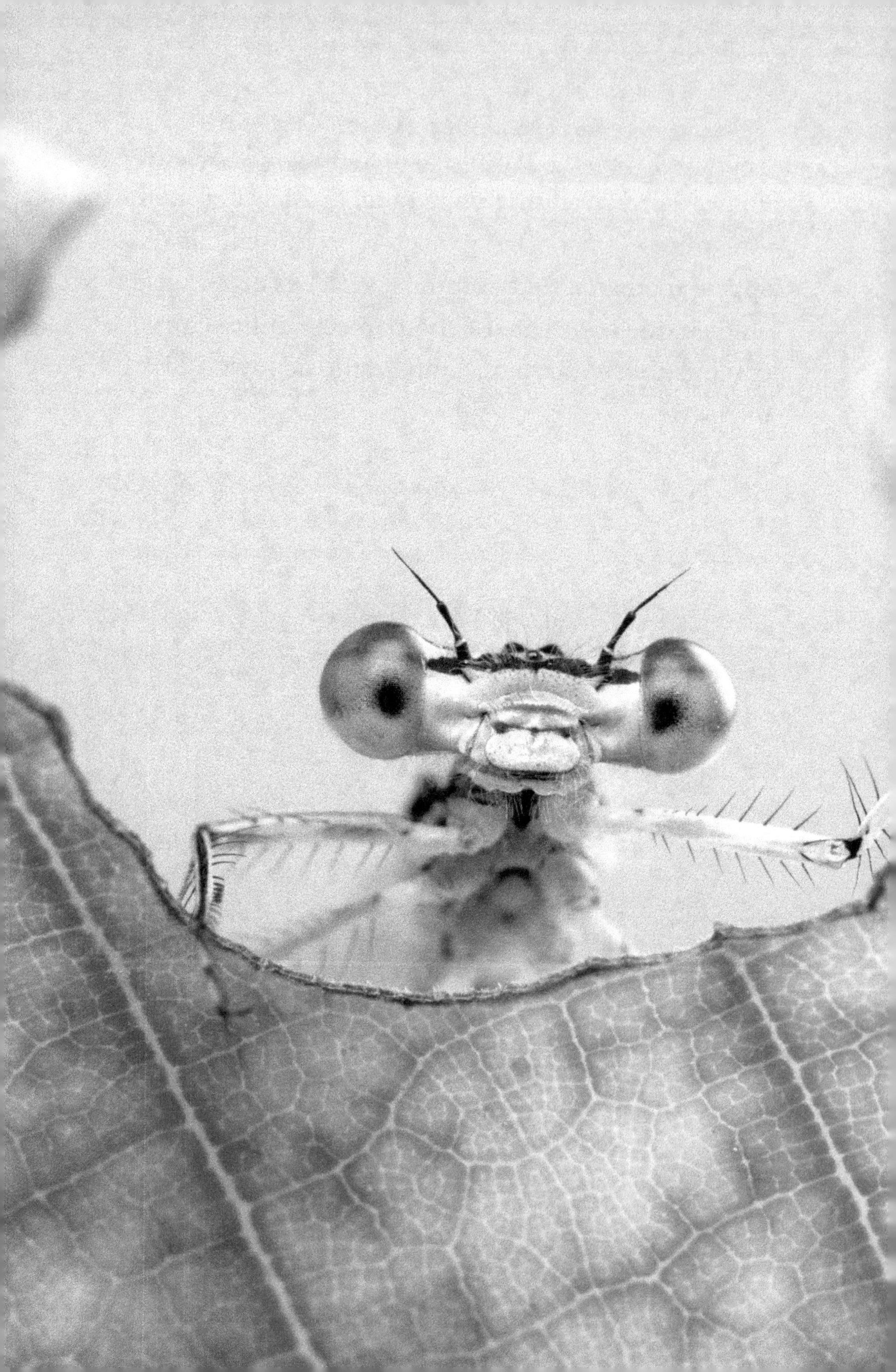

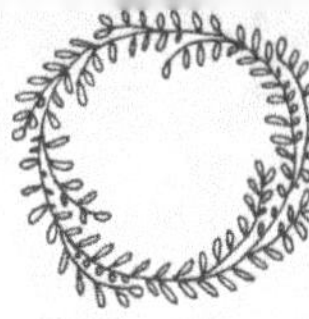

La nature et notre planète

1. La foudre est cinq fois plus chaude que le soleil.

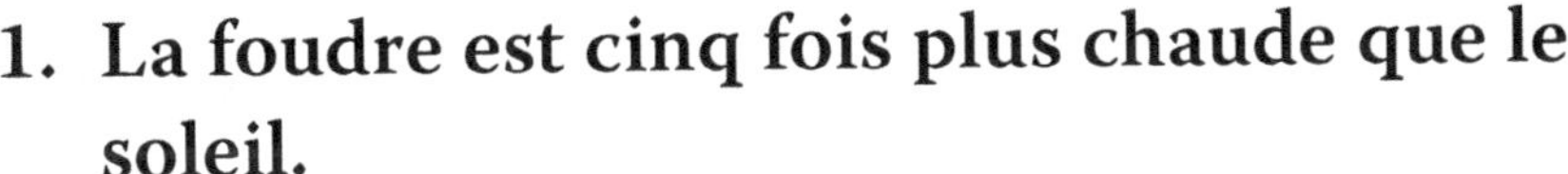

Sais-tu qu'il existe quelque chose de plus chaud que le soleil ? La chaleur d'un éclair atteint environ 30 000 °C, ce qui est beaucoup plus chaud que les 5 500 °C du soleil. La foudre peut même provoquer des incendies lorsqu'elle tombe ! L'air est un mauvais conducteur de chaleur c'est pour cette raison qu'il devient si chaud lorsque l'électricité le traverse et que cette chaleur se répand sous forme d'éclairs. Alors, reste bien à l'intérieur quand il y a un orage, ou tu pourrais recevoir un « coup de foudre » !

2. Les arcs-en-ciel peuvent également se former la nuit.

Les arcs-en-ciel sont dus à la réflexion de la lumière du soleil sur les gouttes d'eau présentes dans l'air. C'est pourquoi ils apparaissent généralement après la

pluie, quand la lumière du soleil éclaire l'humidité qui reste dans l'air. Il paraît donc incroyable qu'un arc-en-ciel puisse se former la nuit lorsqu'il n'y a pas de soleil ? Pourtant c'est possible ! Il existe, en effet, un phénomène appelé l'arc-en-ciel lunaire. Au lieu d'être dû à la réfraction et à la réflexion de la lumière solaire sur des gouttes d'eau, il est dû à celle réfléchie par la surface de la lune. Les arcs-en-ciel lunaires sont beaucoup plus légers et plus faibles que ceux que l'on voit en plein jour, mais ouvre l'œil la prochaine fois qu'il pleuvra la nuit ! Tu pourrais voir quelque chose d'incroyable.

3. Tu peux utiliser une pomme de pin pour prédire la météo.

Sais-tu que les pommes de pin peuvent prédire le temps ? Leur structure extérieure particulière, qui protège les graines, varie en fonction des conditions climatiques. Lorsque l'air est sec, la structure spéciale de la pomme de pin s'ouvre pour laisser sortir les graines. Et lorsque l'air est humide, elle se referme pour retenir ses graines. Ainsi, si tu vois une pomme de pin ouverte, tu peux déjà savoir qu'il ne pleuvra

pas ce jour-là ! Mais si tu la vois fermée, tu peux t'attendre à une bonne averse.

4. Les nuages apparaissent blancs parce qu'ils reflètent le soleil.

Sais-tu que la lumière du soleil est blanche ? Lorsqu'elle traverse les gouttelettes d'eau du nuage, la lumière blanche est diffusée par leurs reflets dans le ciel. Les nuages apparaissent donc blancs alors qu'en fait ils sont transparents.

5. Les pastèques sont des baies.

Nous aimons tous les fruits sucrés et juteux ! Les pastèques sont un merveilleux goûter d'été. Mais sais-tu que ce fruit est une variante d'une baie ? Les baies sont définies comme un type de fruit provenant de fleurs avec un seul ovaire. L'ovaire étant la partie de la fleur qui permet la reproduction.

Certains fruits, comme les fraises et les mûres, proviennent de fleurs à ovaires multiples. Donc la

mûre n'est pas une baie, alors que la pastèque en est une ! Ces mots vont peut-être te paraître difficiles !

6. Certaines plantes sont carnivores.

Être carnivore signifie manger de la viande. En général, les plantes ne mangent rien. Elles utilisent la lumière du soleil pour convertir l'eau et l'air en sucre, qui les soutiennent dans leur croissance. Mais certaines plantes aiment grignoter, comme la plante cobra ou le célèbre attrape-mouche de Vénus. Il existe environ 630 espèces de plantes carnivores connues. Certaines, les plus grandes, peuvent digérer des reptiles et des petits mammifères, tandis que d'autres mangent des poissons et des insectes. Ces plantes utilisent de nombreuses astuces pour attirer leurs proies, comme des odeurs sucrées ou des couleurs vives. Alors la prochaine fois que tu cueilleras une fleur, assure-toi d'abord qu'elle ne risque pas de te manger !

7. Les ananas mettent deux ans à pousser.

Les ananas poussent et se développent à partir d'environ 200 fleurs, de sorte que chaque petite partie bombée d'un ananas était autrefois une fleur. Ce processus peut prendre au moins six mois. Le plant d'ananas lui-même ne produit qu'un seul fruit qui met deux à trois ans pour pousser. Ensuite, il meurt ! Cela signifie qu'il faut être très patient pour obtenir, ne serait-ce qu'un seul ananas ! Crois-tu que tu pourras attendre aussi longtemps pour un fruit ?

8. Le seul fruit avec des graines à l'extérieur est la fraise.

Ces petits points que tu vois à la surface d'une fraise sont ses graines ! On suppose que les fraises ont évolué avec les graines à l'extérieur pour que les oiseaux et les autres animaux puissent les répandre plus facilement. Et, comme nous l'avons vu précédemment, les fraises ne sont pas des baies, en raison de leur mode de croissance. Encore une fois, c'est un peu compliqué, mais au moins une chose est sûre, les fraises sont des fruits délicieux!

9. Le plastique met en moyenne 450 ans à se décomposer, et le verre, 4000 ans.

Les plastiques sont fabriqués à partir d'un matériau appelé polytéréphtalate d'éthylène. Essaye de dire cela trois fois de suite !

Ce produit rend la plupart des récipients et des bouteilles presque indestructibles. Si c'est un avantage lorsque nous faisons tomber quelque chose, ce n'est pas du tout bon pour l'environnement. En effet, tous les objets en plastique que nous jetons mettront environ 450 ans à se décomposer. Les bactéries présentes dans le sol transforment généralement ce qu'elles trouvent en nutriments utiles pour la terre. Malheureusement, les bactéries n'aiment pas le goût du plastique, elles refusent donc de le manger !

Il en va de même pour le verre, qui met approximativement 4000 ans à se décomposer. C'est pour cette raison que le recyclage est très important pour ne pas remplir notre planète de déchets !

10. La Terre compte 97 % d'eau salée et 2 % d'eau gelée. Il reste seulement 1 % d'eau utilisable.

Tu pourrais penser que l'eau est une ressource illimitée. Pourtant, seulement 1 % de l'eau de la Terre est buvable. En effet, boire de l'eau salée provoque la déshydratation ! De l'eau qui provoque la déshydratation ? Et bien oui ! Tes reins ne peuvent traiter que de l'eau faiblement salée et si tu bois l'eau de l'océan ou de la mer, tu ingères beaucoup de sel qui doit être évacué. Pour cela, tu devras uriner plus d'eau que ce que tu as bu, ce qui te donnera encore plus soif et entraînera une déshydratation.

L'eau douce est issue des eaux souterraines, formées sous la terre, des eaux de ruissellement, qui proviennent des ruisseaux, des rivières et des lacs, et enfin, de la neige. Il est intéressant de réfléchir à l'origine de l'eau ! Attention quand même... Ce n'est pas parce que seulement 1 % de l'eau de la planète est buvable que tu dois arrêter de boire. Reste toujours bien hydraté !

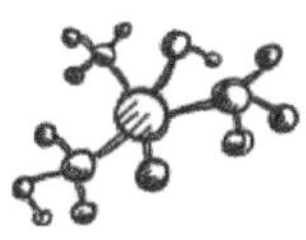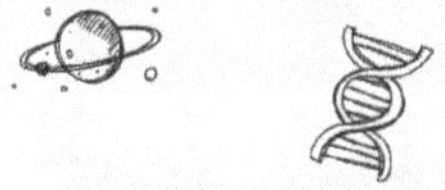

Science et technologie

1. L'eau gèle plus vite lorsqu'elle est chaude.

Cela semble plutôt étrange, n'est-ce pas ? Comment l'eau chaude peut-elle geler plus vite que l'eau froide ? Certains disent que c'est un mythe, mais il s'agit d'un phénomène appelé « effet Mpemba ». Plusieurs variables déterminent le moment où cela se produit, et cette constatation a suscité un large débat parmi les scientifiques. Cependant, ce phénomène a été détecté plusieurs fois dans la nature. Fais l'expérience toi-même et tu verras ce qui se passe !

2. Les tomates ont plus de gènes que les humains.

Un gène porte l'information qui détermine certains caractère, comme les yeux bleus ou marron, ou bien les cheveux bruns hérités de tes parents. Étonnamment, une tomate possède des

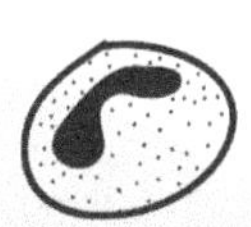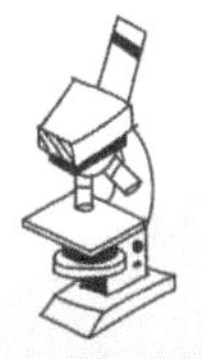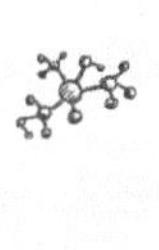

milliers de gènes de plus que les humains, 7 000 pour être exact. Le génome de la tomate, c'est-à-dire l'ensemble des gènes ou du matériel génétique contenus dans ses chromosomes, est plus proche de celui de la pomme de terre. La tomate est un fruit plutôt compliqué... Ou bien, est-ce un légume ? Qu'en penses-tu ?

3. Tu peux allumer un feu en pétant.

Les pets sont simplement de l'air qui descend dans ton œsophage et dans ton système digestif et qui est finalement expulsé par l'anus. Il s'agit d'air mélangé à des gaz, dont certains sont inflammables. Ces gaz inflammables, notamment l'hydrogène et le méthane combinés à l'oxygène, peuvent s'enflammer même à basse température s'ils sont placés près d'une flamme. Cependant, il en faudrait beaucoup pour créer un lance-flammes, alors ne te fais pas d'idées sur ce sujet, d'accord ?

4. L'oxygène n'est pas incolore.

L'oxygène peut avoir de nombreuses nuances de couleurs différentes. Dans des circonstances normales, tu le verras incolore, mais lorsqu'il prend une forme différente, il change de couleur. L'oxygène liquide est bleu pâle, car il absorbe la lumière du spectre rouge qui donne à la substance sa couleur complémentaire du rouge, c'est-à-dire le bleu.

5. Les téléviseurs reçoivent puis affichent des séquences d'images qui se déplacent si rapidement qu'elles apparaissent comme un mouvement fluide à l'œil humain.

La télévision est une merveilleuse invention. Aimes-tu regarder ton émission de télévision préférée après une longue journée d'école ? Si oui, t'es-tu déjà demandé comment fonctionne ta télévision ? Un téléviseur n'est qu'une boîte qui reçoit des images à une vitesse telle qu'elles semblent se déplacer en douceur. Si tu dessines quelque chose sur différentes pages d'un bloc-notes, puis que tu les feuillètes rapidement, tes dessins vont commencer

à bouger. C'est un peu ce qui se passe lorsque tu regardes ton programme préféré !

6. En 1495, Léonard de Vinci a dessiné les plans d'un robot humanoïde.

Au XVe siècle, Léonard de Vinci a créé un robot humanoïde avec une armature. À l'intérieur de cette armature se trouvaient des systèmes de poulies élaborés, composés de câbles, de roues et d'engrenages. Cet ancêtre du robot pouvait s'asseoir, s'allonger, se tenir debout et bouger son visage. Chaque mouvement se faisait au rythme du battement d'un tambour. Bien qu'aujourd'hui il existe des robots humanoïdes beaucoup plus avancés, à l'époque, un enchevêtrement de métal en mouvement était une chose extraordinaire !

7. Le plus grand robot du monde pèse 11 tonnes.

Il s'appelle Tradinno et c'est un robot-dragon géant qui a été utilisé pour une représentation théâtrale

en Allemagne. Ce robot pèse 11 tonnes et mesure environ 15 mètres de haut. Ce cher Tradinno peut libérer des flammes sur une distance de 1,5 mètre, alors ne t'approche pas trop près ! Il est surprenant par sa taille, il a des ailes, une peau verte et tous les aspects d'un « vrai » dragon !

8. Les diamants sont la substance la plus dure de la nature.

La chose la plus dure au monde n'est pas le métal, ni le fer ni même le bois. En fait, il s'agit de quelque chose de beaucoup moins commun et de beaucoup plus étincelant. Le diamant ! Certains prétendent que les diamants sont les meilleurs amis des femmes, mais ils sont également utilisés dans des outils de construction et dans la recherche scientifique. Ce minéral étincelant, une fois taillé et poli, a de nombreuses utilisations, car il est presque indestructible. Pourquoi ne pas chercher des diamants la prochaine fois que tu sors ? Si tu sais les reconnaître, cela pourrait te rapporter gros.

9. L'acide gastrique peut dissoudre les lames de rasoir.

Il y a des acides dans ton estomac qui sont assez puissants pour dissoudre du métal ! Ces acides ont des niveaux de pH si élevés qu'ils dissolvent même les os et sont similaires à l'acide que l'on trouve dans les batteries, qui peut dissoudre de l'acier. Cependant, ne cherche pas à manger des objets métalliques, pour tester ton estomac ! Tu pourrais tomber malade et souffrir énormément.

10. Le son circule plus vite dans l'eau.

Le son circule plus vite dans l'eau, car les molécules sont plus denses dans ce milieu. Le son rebondit sur les molécules et se propage plus rapidement. Cependant, il faut beaucoup d'énergie pour créer un son dans l'eau.

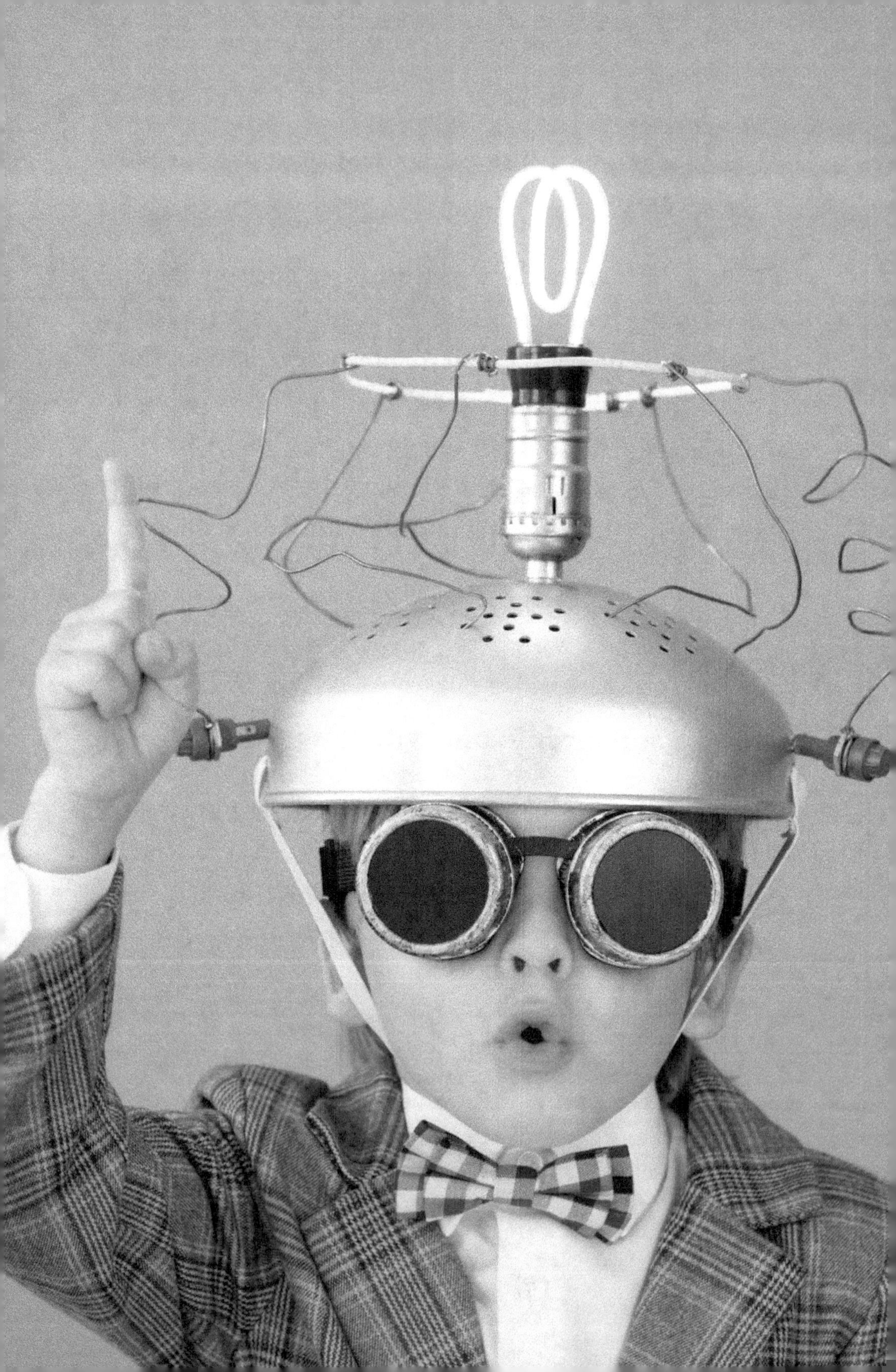

Nouvelles inventions

1. Un robot humanoïde a été créé en 2022.

As-tu déjà voulu devenir ami avec un robot ? Maintenant, c'est possible ! La technologie est si avancée que tu peux parler à un robot qui ressemble beaucoup à un humain ! Une société appelée Engineered Arts a créé un robot nommé Ameca. Il est de couleur grise et les fils de son corps sont tous visibles. Ameca a ses propres opinions, la capacité de parler et de tenir une conversation, et peut se déplacer comme un humain. Il est le produit de quinze années de travail acharné d'Engineered Arts, et a donc une grande valeur. Tu peux acheter un Ameca pour environ 130 000 euros, mais si tu n'as pas cette somme, tu peux toujours louer Ameca pour une fête ou un événement ! Ce robot a été créé pour communiquer avec les humains. Converser avec Ameca peut donc être intéressant. Peut-être qu'à l'avenir, tu auras autour de toi des robots chiens, des robots professeurs, et même des robots baby-sitters.

Qui sait ? Un jour, tu ne verras probablement même plus la différence entre un robot et un humain !

2. À l'origine, Nintendo n'était pas une société de jeux vidéo.

Aimes-tu jouer à des jeux vidéo ? Si c'est le cas, tu connais probablement les consoles Nintendo. Mais sais-tu que la société Nintendo existe depuis longtemps ? Oui, depuis 1889 ! Bien sûr, il n'y avait pas de jeux vidéo en 1889. Le propriétaire de l'entreprise, Fusajiro Yamauchi, a commencé par fabriquer des jeux de cartes et des jouets, le tout peint à la main. Imagine à quel point le créateur de Nintendo serait surpris s'il découvrait les jeux vidéo que sa société fabrique désormais !

3. Le gouvernement américain a utilisé des PlayStation 3 pour construire un superordinateur.

En 2010, l'armée de l'air américaine a utilisé 1 760 PlayStation 3 pour créer un grand superordinateur

appelé «Condor Cluster». Cet ordinateur utilise 1/10 de l'énergie d'un superordinateur normal, ce qui le rend meilleur pour l'environnement et bien moins cher à construire ! Mais il est énorme et relié par huit kilomètres de fils. Ton ordinateur personnel semble donc très petit, comparé à l'amas de fils de Condor Cluster. Il a été créé pour traiter les images des drones de surveillance et il a même atteint le classement du 35e superordinateur le plus rapide du monde. Tu pourrais essayer à la maison. Mais il faudrait acheter beaucoup de PlayStation pour le fabriquer, ce qui signifie que tu devrais mettre de côté ton argent de poche pendant des années !

4. Le premier mot à être corrigé automatiquement a été « teh ».

Sais-tu ce que «teh» signifie ? De nombreux anglophones écrivent accidentellement ce mot au lieu de l'article «the», qui veut dire «le» ou «la» en français. Alors, dans les années 1990, un programmeur de Microsoft a créé un programme destiné à remplacer le mot «teh» par «the». Sur ces vieux ordinateurs, le fait d'appuyer simultanément

sur la flèche gauche et sur la touche F3 du clavier permettait de corriger «teh», mais uniquement ce mot et aucun autre. Apparemment, il était tellement fréquent d'écrire «teh» au lieu de «the» que quelqu'un avait pensé à créer un programme juste pour résoudre ce problème ! Eh, oui, il arrive à tout le monde de faire des fautes d'orthographe !

5. Plus de 6 000 virus informatiques sont libérés chaque mois.

Il y a vraiment beaucoup de virus en informatique ! Ces virus sont très similaires aux virus humains, comme lorsque tu attrapes la grippe. Sais-tu que ton ordinateur peut aussi tomber malade ? Tu pourrais attraper sur Internet un de ces méchants virus, un logiciel, appelé malware ou programme malveillant, qui peut prendre le contrôle de ton appareil et le faire agir bizarrement. Parfois, ces virus affectent des serveurs Web entiers comme Google. En 2004, ce qui a été considéré comme le pire virus de l'histoire a attaqué les ordinateurs d'un groupe de personnes, par l'intermédiaire de leurs courriels, et a fait «planter» Google, le rendant inutilisable. Ce qui est effrayant,

c'est que ce virus circule encore aujourd'hui. Fais donc attention aux sites que tu regardes sur Internet, et n'ouvre jamais un lien qui peut te paraître bizarre ! Tu ne souhaites pas que ton ordinateur attrape la grippe !

6. Le tout premier virus informatique a été créé dans les années 1970.

Il s'appelait Creeper et avait été créé à titre expérimental par des experts en informatique qui voulaient tester leurs capacités. Creeper est ce que l'on appelle un « ver », ce qui signifie qu'il est capable de se cloner pour se propager facilement d'un ordinateur à l'autre.

Dans les années 1970, lorsqu'il a été créé, il apparaissait sur l'écran de la victime et écrivait… « Je suis le monstre effrayant, attrape-moi si tu peux ! ».

Vraiment ça fait peur !

7. Jusqu'en 2010, les pigeons voyageurs étaient plus rapides que l'Internet dans certaines parties du monde.

En Afrique du Sud, un pigeon voyageur nommé Winston devait transporter une petite carte mémoire USB. Il participait à une compétition sur environ 95 kilomètres. Et qui était l'adversaire de Winston ? L'Internet ! Peux-tu deviner qui a gagné ? Winston, bien sûr, puisqu'il a réussi à livrer la carte mémoire USB à sa destination bien plus vite que le fournisseur d'accès à Internet n'avait pu télécharger les informations sur la clé ! L'oiseau était plus rapide que l'Internet ! Le concours a été organisé pour démontrer à un fournisseur d'accès Internet la lenteur de son service. La victoire du pigeon en a apporté la preuve. Espérons que cela a permis d'améliorer la connexion !

8. La majorité du trafic Internet ne provient pas d'êtres humains réels.

L'Internet est un « lieu » immense. Grâce à lui, tu peux visiter de nombreux sites Web amusants et différents ou communiquer avec tes amis ou

ta famille. Mais sais-tu que plus de la moitié des utilisateurs d'Internet ne sont pas des personnes ? En effet, 20 % du trafic Internet provient de moteurs de recherche tels que Google ou Bing, tandis que 31 % supplémentaires proviennent de bots, de spams, d'espions ou de logiciels de piratage. Sois toujours prudent lorsque tu parles à quelqu'un sur Internet. Il pourrait s'agir d'un robot !

9. Les chirurgiens qui ont grandi en jouant à des jeux vidéo font moins d'erreurs et sont plus rapides lors des opérations.

Si tu joues à des jeux vidéo et si tu veux être chirurgien, j'ai de bonnes nouvelles pour toi ! Les médecins qui jouent, ou qui ont joué à des jeux vidéo, et pratiquent la chirurgie laparoscopique, font moins d'erreurs et sont plus rapides durant l'opération. La chirurgie laparoscopique est un type de chirurgie où de minuscules caméras et instruments sont contrôlés par une manette de jeu. Et en effet, les personnes qui jouent régulièrement à des jeux vidéo ont une meilleure coordination main-œil et des réflexes plus rapides. En pratique, elles ont des temps de réaction

plus courts et peuvent contrôler les boutons et les manettes de jeu beaucoup plus facilement. Ne laisse personne te dire que jouer à des jeux vidéo est une perte de temps. Tu pourrais bien t'entraîner pour étudier et devenir chirurgien plus tard !

10. Le logo de Firefox n'est pas un renard, comme le suggère le mot anglais « fox ».

Quel navigateur Web utilises-tu ? Tu as le choix entre de nombreuses options, comme Chrome, Internet Explorer ou Firefox. Si tu utilises Firefox, tu connais son joli logo avec le petit animal recroquevillé sous sa queue. Tu pourrais penser que c'est un renard, non ? Pourtant, l'animal du logo de Firefox n'est pas un renard ! Il s'agit d'un panda roux qui ressemble à une peluche et que l'on trouve en Orient. Les pandas roux font penser à des ratons laveurs et sont parfois appelés « firefoxes », d'où le nom de ce navigateur Web. Toutefois, le panda roux n'est ni un raton laveur ni un renard ! Il s'agit d'une espèce unique de la famille des Ailuridae. Mais « firefox » sonne mieux, non ?

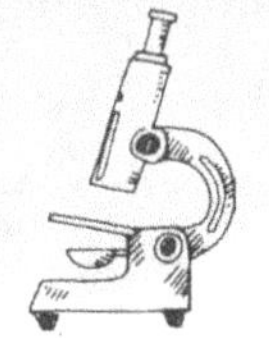

Les dossiers des plus

1. Le plus petit chien du monde.

Le plus petit chien du monde est né en 2011. il s'agit de Miracle Milly, une petite chihuahua de dix centimètres seulement. À peu près la taille d'un billet de banque. Elle pouvait s'asseoir dans une tasse à thé ! Milly pesait moins de 500 grammes et tenait dans la paume d'une main, comme une petite poupée. Apparemment, elle aimait aussi tirer la langue quand on la prenait en photos. Le nom de Miracle Milly semble très approprié pour un si petit chien !

2. La plante la plus odorante du monde.

Cette fleur pue tellement qu'on l'appelle « fleur de cadavre ».

Elle ne fleurit qu'une fois tous les sept à dix ans et elle est énorme, car elle possède la plus grande

inflorescence non ramifiée du monde végétal ! Et comme tu l'as peut-être deviné, elle ne sent pas bon, pas bon du tout ! Apparemment, elle pue à la fois le fromage pourri, les pieds sales et l'ail. Heureusement, elle est originaire d'Indonésie, alors tu ne risques pas de la trouver dans ton jardin !

3. Les ongles les plus longs du monde.

Diana Armstrong est la femme qui a les ongles les plus longs du monde. Il lui a fallu 25 ans pour les laisser pousser jusqu'à atteindre la taille impressionnante de 1,98 mètre ! Malheureusement, ce record est issu d'une histoire tragique. Diana avait une petite fille qui aimait se vernir les ongles. La fillette est morte dans son sommeil d'une crise d'asthme. Pour honorer sa mémoire, sa mère a décidé de ne plus jamais se couper les ongles. Cela aurait été comme… couper un souvenir heureux de sa fille. Ses ongles ont tellement poussé qu'ils ont fini par toucher le sol ! La pose du vernis à ongles demande plusieurs jours, 15 à 20 bouteilles de vernis et quelques petits outils de menuisier sont nécessaires pour cela. Diana

détient le record du monde de la longueur des ongles et assure qu'elle ne les coupera plus jamais, ce qui demande de gros efforts dans sa vie quotidienne.

4. La plus grande pizza du monde.

C'est le fait le plus appétissant que tu trouveras dans ce livre. La plus grande pizza du monde s'appelle Octavia, elle est sans gluten, mesure presque quarante mètres de diamètre et pèse environ 23 250 kg ! La cuisson a duré 48 heures. Penses-tu qu'une tranche de cette pizza rentrerait dans ton four ? Octavia a été créée pour sensibiliser le public à la maladie cœliaque qui touche les personnes sensibles au gluten. L'idée avec Octavia est de présenter les avantages d'un régime sans gluten. Penses-tu que cette pizza était bonne ? As-tu déjà cuisiné sans gluten ?

5. La baignoire la plus rapide du monde.

En général, les baignoires ne bougent pas et n'ont même pas de roues. Mais sais-tu qu'il existe un record mondial de la baignoire la plus rapide ? En Suisse, un homme a attaché sa baignoire au châssis d'un kart et a utilisé un petit moteur pour faire un tour de piste et atteindre la vitesse de 190 km/h. La baignoire était équipée d'une pomme de douche, et même d'une petite éponge.

Que penses-tu de prendre un bain à 190 km/h ?

6. La plus longue moustache du monde.

Un homme nommé Ram Singh a commencé à se laisser pousser la moustache en 1970 et détient aujourd'hui le record de la plus longue moustache du monde, qui est d'environ 5,5 mètres ! Lorsqu'il marche, elle traîne sur le sol, mais il passe plusieurs heures par jour à la nettoyer. Ceci s'appelle de la détermination !

7. Le plus grand chapeau du monde.

C'est un chapeau gris, incroyablement grand ! Il mesure 4,8 mètres de hauteur, il est décoré de plumes et son propriétaire est un peu excentrique, mais très créatif ! En raison de la hauteur du chapeau, il faut lever la tête pour en voir le sommet ! Son fabricant s'appelle Odilon Ozare et il est chapelier de profession. Il a eu l'idée de fabriquer le plus grand chapeau du monde après en avoir créé un de très grand pour une poupée. Après plusieurs essais, il a finalement réussi à faire un chapeau qui ne tombe pas à chaque pas. Imagine les choses intéressantes que tu pourrais cacher sous ce chapeau !

8. Le chat le plus poilu du monde.

Elle s'appelle Sophie Smith et c'est une chatte très « royale » avec son pelage de 25 centimètres de long. Le plus long du monde.

C'est la plus grosse boule de poils que tu n'as jamais vue. Sophie Smith est brune, elle a de beaux yeux verts et, sous sa longue fourrure, elle a aussi des griffes bien acérées.

9. Le plus long nez du monde.

L'homme au plus long nez du monde s'appelle Mehmet Özyürek. Son nez, long de près de dix centimètres, rend son visage difficile à oublier. On ne sait pas s'il sent aussi mieux que les autres.

10. L'homme le plus grand de tous les temps.

L'homme le plus grand du monde mesurait 2,72 mètres, pesait 199 kilos et était apparemment très gentil, ce qui est réconfortant compte tenu de sa taille ! Il s'appelait Robert Wadlow et il était né en 1918 de deux parents de taille normale. À l'âge de cinq ans, il portait déjà des vêtements d'adolescent. Il avait

aussi les plus grandes mains et les plus grands pieds jamais vus ! Trouver des vêtements et des chaussures devait être très difficile pour lui !

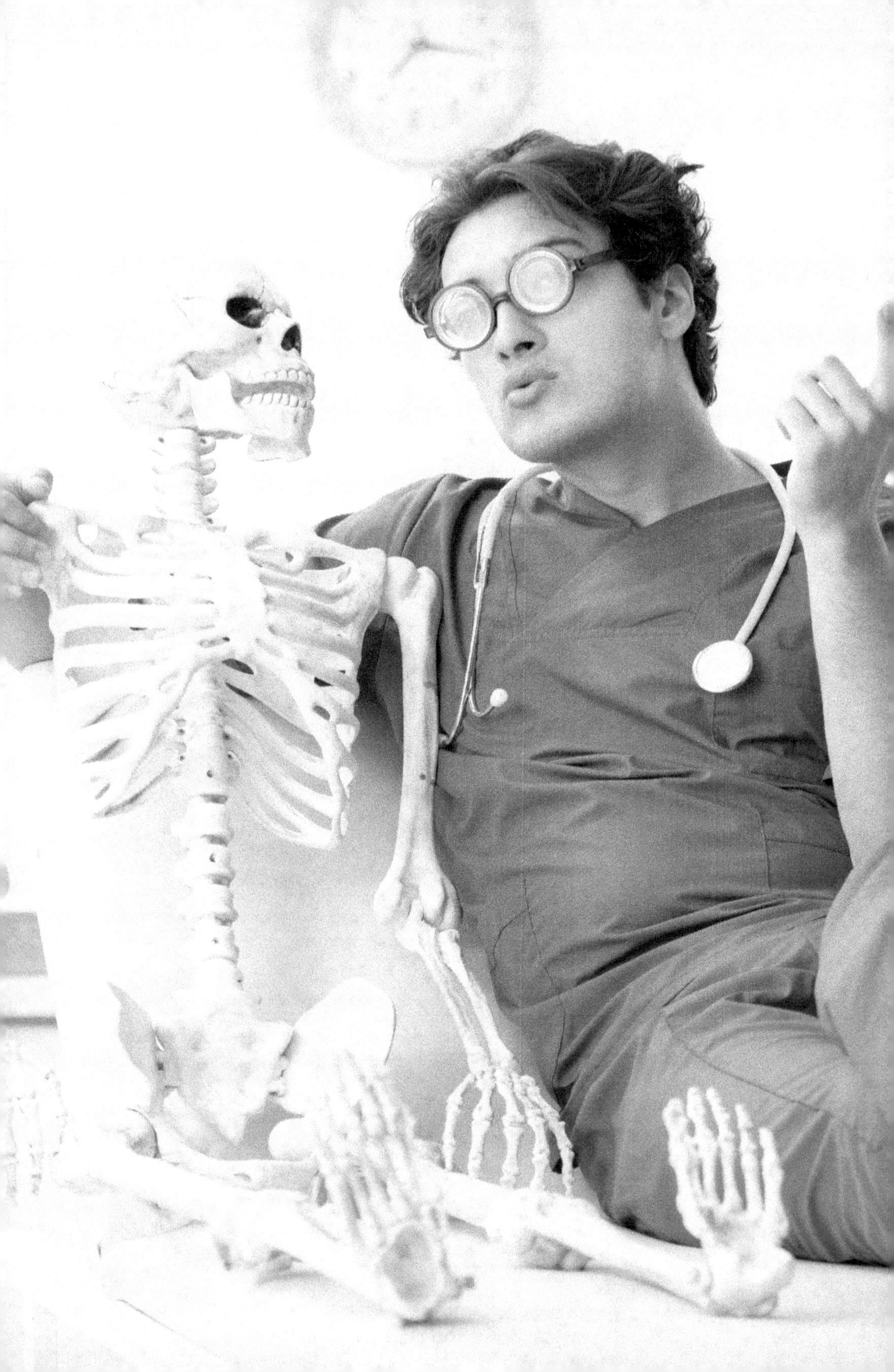

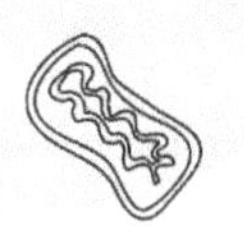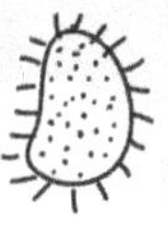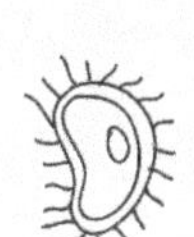

Le corps humain

1. Le nez peut reconnaître un trillion d'odeurs.

Sais-tu que tu as un super pouvoir ? Il est juste au milieu de ton visage ! Le nez est un outil extraordinaire que tu utilises tous les jours pour une multitude de choses. Les bonnes odeurs peuvent te donner faim, les mauvaises odeurs peuvent te dégoûter et les nouvelles odeurs peuvent attiser ta curiosité. Tu utilises ton nez pour repérer des objets, être averti d'un danger et aiguiser ton appétit. Mais combien d'odeurs peux-tu nommer ? Il y a dans le monde un grand nombre d'odeurs et ton nez peut en sentir des trillions de types différents. Savais-tu qu'il y en avait autant ? Oui, tu as le pouvoir de distinguer un trillion de parfums différents. Sors dans la nature et amuse-toi à sentir des dizaines de fleurs, remarque les différences entre un parfum et un autre et essaye de décrire l'odeur de chacune d'elles.

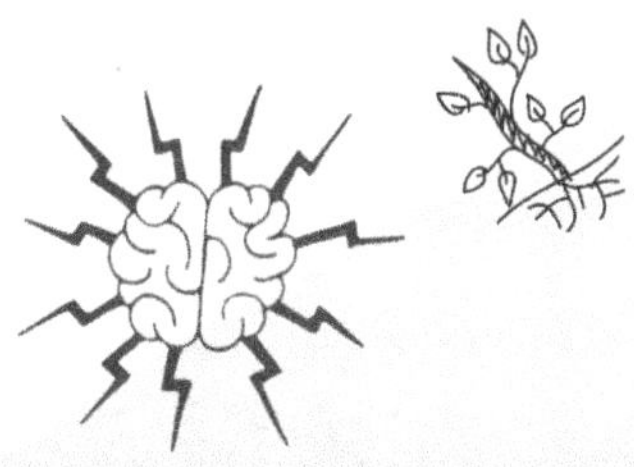

2. Le cérumen est un type de sueur.

Le cérumen est une substance mystérieuse et déroutante. Il y a beaucoup de choses à savoir à ce sujet ! Cette substance jaunâtre dans ton oreille est en fait un mélange de sécrétions des glandes sudoripares et de cellules mortes. La peau à l'intérieur de ton oreille est très fine et très délicate, et le cérumen la protège des infections en la recouvrant comme un bouclier. Si tu transpires facilement, ton cérumen est très probablement plus mou et plus humide. Si tu ne transpires pas beaucoup, il peut être sec et cassant. Tu as besoin du cérumen pour protéger l'intérieur de ton oreille, alors tu dois la nettoyer délicatement et ne pas enlever trop de ce cérumen protecteur ! Si tu dois te nettoyer les oreilles, fais-le très délicatement ou demande de l'aide à tes parents.

3. Les dents d'un être humain peuvent être aussi fortes que celles d'un requin.

Cela semble difficile à croire. Les requins ont des dents tellement grandes et pointues qu'il est difficile d'imaginer qu'elles aient quelque chose

en commun avec celles des humains. Tu as, en effet, moins de dents qu'un requin et elles ne sont pas aussi grandes. Cependant, la dent d'un humain a la même force que celle d'un requin ! Il y a quelques petites différences dans la composition, mais la force est la même. Les requins perdent aussi des dents comme toi, mais elles se renouvellent. Certains scientifiques affirment que les requins peuvent perdre jusqu'à environ 35 000 dents au cours de leur vie. C'est beaucoup ! Heureusement pour eux, les requins n'ont pas de caries comme nous, il n'y a donc pas de requins-chirurgiens dentistes dans l'océan. Certaines espèces ont beaucoup de chance…

4. Sans ta salive, tu ne serais pas en mesure de goûter les aliments.

Tu ignores probablement le rôle important de ta salive. Sans elle, tu ne pourrais pas avaler, ni digérer les aliments ou protéger tes dents. Et, surtout, tu ne pourrais pas goûter ta nourriture ! Lorsque tu manges, l'aliment doit se dissoudre dans ta salive avant que les papilles gustatives de ta langue réagissent et identifient la saveur. Ensuite, tes papilles envoient des

signaux à ton cerveau pour communiquer le goût de l'aliment que tu manges. Fait amusant, si tu gardais ta salive pendant une année entière, tu pourrais remplir une baignoire avec tout le liquide produit ! Mais ne fais pas ce genre d'expérience, ce serait un peu dégoûtant et, par ailleurs, tu as besoin de ta salive pour le dîner de ce soir !

5. Le poumon gauche est plus petit que le poumon droit.

De nombreuses parties de ton corps ont la même taille, comme tes globes oculaires ou tes narines, mais pas les poumons ! Ton poumon gauche est en fait légèrement plus petit que le droit car ton cœur se trouve légèrement à gauche et ton corps, lors de sa formation, a créé un espace supplémentaire pour ton cœur. Cela signifie que le poumon gauche s'est déplacé pour faire de la place au cœur, un peu comme sur un banc bondé, où les personnes se serrent. N'est-ce pas étonnant de voir comment ton corps fonctionne ? Tant de choses intéressantes se passent en toi en ce moment !

6. L'ADN du corps d'une personne, s'il est « déroulé », peut s'étendre de Pluton au Soleil et au-delà.

As-tu déjà vu une photo de l'ADN ? Tout est « enroulé » comme un ressort ou un escalier, en spirale. C'est à cela que ton ADN ressemble alors essaye d'imaginer ces infiniment petits ressorts qui flottent en toi en ce moment. Maintenant, imagine que tu peux les étirer. Ils vont s'allonger évidemment. Si tu prenais un fragment d'ADN et que tu le déroules, la ligne deviendrait si longue qu'elle s'étendrait dans l'espace, au-delà de la lune et jusqu'à Pluton. En réalité, cette ligne serait capable d'atteindre Pluton et d'en revenir 17 fois ! C'est beaucoup et c'est juste dans ton corps. Pour être précis, il y a environ 37 trillions de cellules à l'intérieur de toi et elles contiennent toutes environ cinq centimètres d'ADN. Si tu pouvais les dérouler, imagine l'escalier en spirale que tu aurais vers l'espace !

7. Seuls 2 % des humains ont les yeux verts.

As-tu des yeux verts ? Si c'est le cas, tu portes la concrétisation d'une mutation ! Cela peut sembler effrayant, mais il s'agit en fait d'une caractéristique très rare et très belle. Seules 2 % environ des personnes dans le monde ont des yeux naturellement verts. La mutation vient d'un petit manque de mélanine, une substance du corps qui produit la couleur. Et en fait, les yeux verts sont dépourvus de couleur. Ils peuvent avoir une belle teinte menthe ou émeraude, mais en réalité, ils n'ont aucun pigment ni teinte. Les personnes aux yeux verts sont nées avec des yeux bruns ou bleus et ont mis approximativement trois ans à développer cette belle nuance de vert. De toutes les couleurs possibles, le vert est la plus rare au monde pour les yeux humains !

8. L'émail de tes dents est plus solide que l'os.

L'émail dentaire est constitué de minéraux et de produits chimiques qui recouvrent la couche externe de tes dents, agissant comme un bouclier

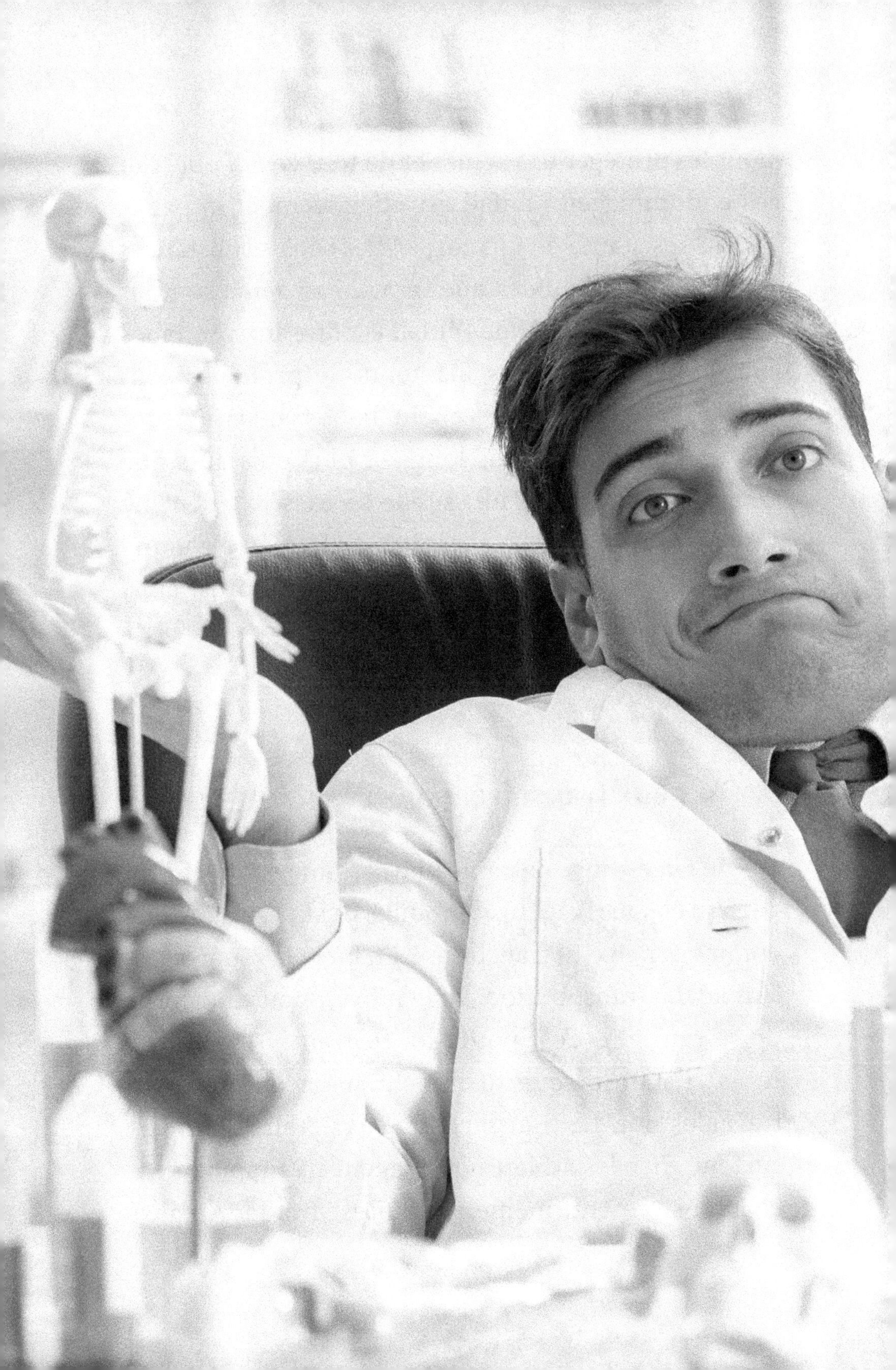

pour les protéger des acides et de tout ce qui pourrait les endommager. L'émail est effectivement la partie la plus résistante de ton corps ! Les seules substances au monde plus solides que l'émail des dents sont les diamants. La solidité de l'émail est due aux protéines qui le composent. Ces filaments de protéines sont similaires à ceux qui forment les os, mais ils sont des milliers de fois plus longs et plus puissants que ceux des os. Cependant, si elle se casse, ta dent ne repoussera pas ou ne guérira pas d'elle-même comme un os, alors fais attention à ce que tu mords, ainsi qu'aux chocs thermiques !

9. Tu peux transpirer sous l'eau.

Ce fait étrange entraîne une certaine confusion. Si tu es sous l'eau, tu es mouillé, n'est-ce pas ? Alors, comment peux-tu transpirer ? Eh bien, la réponse est simple. La transpiration est le moyen pour ton corps de se refroidir, c'est pourquoi tu transpires lorsque tu as chaud, lorsque tu fais du sport ou quand tu travailles dur. La transpiration sous l'eau se produit surtout chez les athlètes qui nagent très rapidement et intensivement, même si l'eau est froide. À cause

de l'effort fourni pour nager très vite, ils transpirent ! Alors, la prochaine fois que tu seras dans une piscine en train de faire quelques longueurs, tu sauras que tu peux toi aussi transpirer sous l'eau !

10. Les bébés naissent avec environ 300 os.

Les humains ont normalement 206 os, mais à la naissance, les bébés en ont environ 300 !? Presque 100 de plus que toi aujourd'hui, dans leur tout petit corps ! Comment cela se fait-il ? Si les bébés ont autant d'os, c'est parce que leur corps est constitué d'un tissu conjonctif appelé cartilage, qui protège les os contre le frottement les uns contre les autres. Cela donne une structure à certaines parties du corps, comme le nez ou les oreilles. Au fur et à mesure que l'enfant grandit, ce cartilage fusionne et se transforme pour finalement créer le squelette adulte mature. N'est-ce pas surprenant ? Les bébés, si petits, avec tellement d'os !

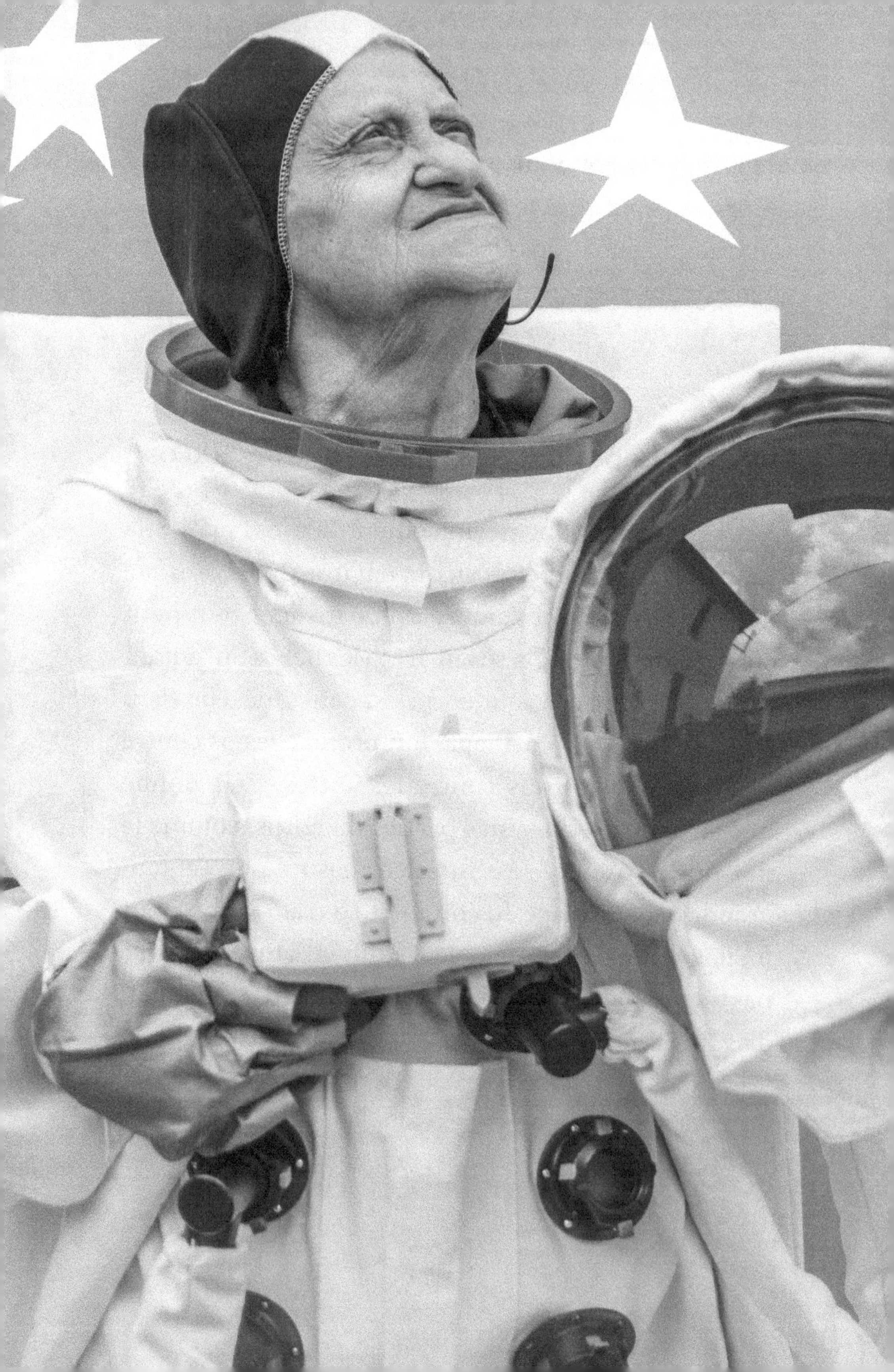

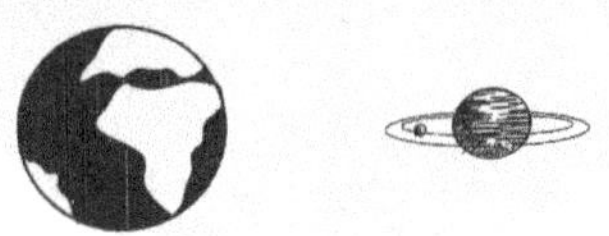

Espace et planètes

1. Le coucher de soleil sur Mars est bleu.

Nous pensons tous que Mars est la planète rouge, alors pourquoi son coucher de soleil est-il bleu ? Son ciel est rouge, le sol est rouge et toute la planète semble rouge, observée dans un télescope. Mais il est vrai qu'au coucher et au lever du soleil, le ciel a une teinte bleue différente de tout ce que nous voyons sur Terre.

L'apparence bleue est due à la poussière dans le ciel qui reflète les couleurs bleues à proximité du soleil. Ainsi, alors que le ciel de Mars est généralement rouge ou brun, lorsque le soleil se trouve à un certain angle, tout devient bleu. Peut-être qu'un jour, tu pourras le voir de tes propres yeux !

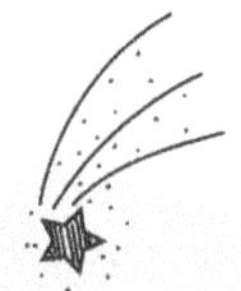

2. Les premières créatures à aller dans l'espace étaient des mouches à fruits.

Les animaux ont toujours été utilisés dans l'entraînement spatial. Avant d'envoyer dans l'espace des singes ou des chiens, l'homme a utilisé une créature beaucoup plus petite que nous connaissons tous, la mouche à fruits. En 1947, un petit groupe de mouches à fruits a été envoyé dans l'espace parce qu'on pensait à l'époque qu'elles avaient un patrimoine génétique similaire à celui des humains. Les scientifiques voulaient observer si une mouche à fruits survivrait dans l'espace avant d'y envoyer d'autres êtres vivants, dont des humains. Ils ont donc attendu leur retour pour voir si tout s'était bien passé. Finalement, la fusée est revenue sur Terre avec les mouches à fruits indemnes, indiquant qu'il serait sans danger d'envoyer un être humain dans l'espace.

3. Il n'y a pas de son dans l'espace.

Pour comprendre pourquoi l'espace est silencieux, tu dois d'abord comprendre comment fonctionne le son.

Lorsque tu parles ou que tu fais du bruit, le son vibre à travers les molécules qui t'entourent. Mais comme l'espace est vide, il n'y a pas de molécules à travers lesquelles les ondes sonores peuvent vibrer et se disperser. Ainsi, toutes ces explosions et bruits de rayons laser que tu entends dans les films servent à les rendre plus attractifs, mais tout est faux. Même la plus grosse explosion ne fait aucun bruit dans l'espace.

4. Uranus tourne d'un côté.

Uranus est la septième planète en partant du soleil. Il y fait très froid, il y a beaucoup de vent et cette planète présente une rotation inhabituelle.

Alors que la plupart des planètes tournent dans le sens inverse des aiguilles d'une montre, Uranus tourne en réalité sur son côté, comme une boule qui roule. Ceci est possible en raison de son axe de rotation incliné presque à angle droit par rapport à celui de toutes les autres planètes du système solaire.

Une journée sur cette planète dure environ 17 heures et elle accomplit généralement une orbite complète autour du soleil en 84 années terrestres. Les années seraient très longues pour quelqu'un qui vivrait sur Uranus !

En raison de son étrange façon de tourner, certains scientifiques supposent qu'un objet massif, il y a très longtemps, a heurté Uranus, la faisant basculer sur le côté. Il n'y a pas de preuves que cela est vrai, mais n'est-il pas intéressant de penser que quelque chose de grand dans l'espace pourrait changer la rotation d'une planète entière ?

5. Un million de planètes comme la Terre pourraient être contenues dans le soleil.

Peux-tu imaginer un million de planètes semblables à la Terre ? Notre planète est déjà grosse ! Il faut plus de 8 000 heures pour en faire le tour à pied, alors imagine le temps qu'il faudrait pour faire le tour d'un million de Terres ! Pourtant… C'est la taille du soleil. À première vue, le soleil ne semble pas si grand, mais il s'agit en fait du plus grand corps

de notre système solaire. À côté du soleil, la Terre ne ressemble à rien de plus qu'un minuscule point. Le soleil est vraiment un géant !

6. Jupiter est la planète qui tourne le plus vite dans le système solaire.

Une journée sur Jupiter ne dure que dix heures, cela ne laisse pas beaucoup de temps pour faire grand-chose, ou bien, il te faudrait organiser tes journées différemment ! Si tu vivais sur Jupiter, tu dormirais la majeure partie de la journée, tu mangerais peut-être un peu, puis il serait déjà l'heure de te coucher ! Il vaut mieux oublier tout projet de vie sur Jupiter. Tu n'aurais jamais le temps de regarder des films ou de sortir avec tes amis, mais au moins la journée d'école serait courte ! On suppose que Jupiter a, par le passé, tourné plus rapidement qu'aujourd'hui, mais que quelque chose l'a ralenti. Néanmoins, elle reste la planète la plus rapide de notre système solaire… Nul doute qu'elle gagnerait toute course de rotation contre les autres planètes.

7. Il y a des traces de pneus sur la lune.

Les traces de pneus dans la boue ou la poussière sont généralement emportées ou effacées par la pluie. Cependant, comme il n'y a ni pluie ni vent sur la lune, rien ne peut effacer les traces de pneus du véhicule lunaire utilisé par les astronautes lors de leurs différentes missions, il y a longtemps ! Aujourd'hui encore, tu trouves des traces de pneus et des empreintes de pas sur la surface de la lune. Si tu regardes le ciel nocturne et que tu plisses les yeux, peut-être pourrais-tu les voir. Enfin, ce serait possible seulement si la Lune ne se trouvait pas si loin !

8. La planète Pluton a été nommée ainsi par une fille de 11 ans.

Dans les années 1930, à l'âge de 11 ans, une petite fille nommée Venetia a lu un article de journal sur une planète nouvellement découverte ! Elle venait de faire un exposé sur les planètes à l'école et elle avait réfléchi à leurs différents noms, tous inspirés de dieux romains de la mythologie. Ce matin-là, au petit-déjeuner, Venetia avait simplement suggéré le nom

de « Pluton » et sa famille avait convenu que c'était un nom qui convenait. Son grand-père a fait part à un ami de l'université d'Oxford, de la suggestion de la fillette et la planète naine a été baptisée Pluton ! As-tu des idées de noms de planètes ? Pourquoi ne pas partager tes idées ? Tu ne sais jamais qui pourrait les entendre !

9. Le plus haut volcan connu de l'homme se trouve sur Mars.

Sais-tu qu'il y a des volcans sur Mars ? Il y a tant à apprendre sur la voisine rouge de la Terre, et notamment le fait qu'elle abrite le plus grand volcan connu de l'homme. Sur Terre, le plus haut volcan est le Mauna Loa à Hawaï, mais celui de Mars, appelé Olympus Mons, est cent fois plus haut, et culmine à 21 229 mètres ! L'ensemble du territoire d'Hawaï pourrait facilement tenir à l'intérieur du mont Olympus ! Espérons qu'il n'y aura pas d'éruption de sitôt.

10. Les tempêtes sur Neptune sont assez grandes pour engloutir la Terre entière.

Neptune est la huitième planète à partir du Soleil et de loin celle ou les vents soufflent le plus fort. Sa surface est faite de glace et d'eau avec d'énormes tempêtes qui seraient assez grandes pour engloutir la Terre entière, selon certains scientifiques ! Les vents sur Neptune atteignent environ 2 500 km par heure, une vitesse supérieure à celle à laquelle les avions que nous prenons peuvent se déplacer. Et... À 2 500 km par heure, les vents balaient la planète entière sans problème ! Mais, heureusement, Neptune est loin !

Espérons qu'il n'y aura jamais de telles tempêtes ici sur Terre.

1. Quelqu'un a joué au golf sur la lune.

Certains prétendent que le golf est un sport ennuyeux, mais ce qui le rend immédiatement très sympathique est que c'est le premier et seul sport à avoir été joué sur la lune ! Aucun autre sport ne peut en dire autant, ni le football ni le basket !

En 1971, l'astronaute Alan Shepard avait emporté un club de golf et quelques balles dans l'espace. Après avoir aluni, il a réussi à faire deux swings et à envoyer deux balles sur la surface lunaire. Il rapporte qu'elles ont parcouru « des kilomètres et des kilomètres ». En réalité, la United States Golf Association (Une association de golf américaine) affirme que les deux balles n'ont parcouru que 38 et 64 mètres. Ces balles de golf sont probablement encore là-haut ! À ton avis, quel sera le prochain sport pratiqué sur la lune ?

2. Les athlètes établissent davantage de records en fin de journée, lorsque la température de leur corps est à son maximum.

Ton corps est soumis au rythme circadien. Il s'agit d'une horloge interne qui décide de tes humeurs, du moment où tu manges et de celui où tu te sens fatigué. Ton rythme circadien peut faire de toi une personne matinale, ou quelqu'un qui aime grignoter le soir ou bien encore quelqu'un qui a plus d'énergie en fin de journée.

C'est ce qui arrive à ceux qui pratiquent l'athlétisme ! Certaines études suggèrent que le rythme circadien peut déterminer quand un athlète est au sommet de ses performances. Le soir, certaines hormones, qui sont des substances chimiques présentes dans le corps, peuvent influencer la force musculaire et la vitesse de réaction. Il semblerait que le pic de performance d'un athlète se situe tard dans la soirée, mais pas trop tard ! Pendant la nuit et tôt le matin, une blessure est plus susceptible de se produire. Essaye toi-même et découvre si tu es plus performant en sport le matin ou le soir !

3. Le joueur de baseball qui avait prédit l'avenir.

En 1963, le joueur de baseball américain Gaylord Perry a déclaré… «Ils enverront un homme sur la lune avant que je ne fasse un home run». D'une certaine manière, il a prédit l'avenir ! Ce qu'il avait dit est arrivé. La NASA a envoyé un homme sur la lune avant qu'il ne fasse son premier «home run». Six ans après cette phrase et quelques heures après que Neil Armstrong ait posé le pied sur la lune, Perry a enfin réussi le premier et unique «home run» de sa vie. Quelle coïncidence ! Il ne s'était pas trompé. Il a fait un « home run » après que la NASA a envoyé un homme sur la lune.

4. Babe Ruth portait parfois une feuille de chou sous sa casquette pour se rafraîchir.

Au début des années 1900, les tenues des joueurs de baseball étaient faites de laine. As-tu déjà porté une veste en laine par une chaude journée d'été, ou pour faire du sport ? Si c'est le cas, tu sais à quel point cela peut tenir très chaud. Babe Ruth,

un célèbre joueur de baseball, devait donc porter une tenue en laine ! Pour se rafraîchir, lors des matchs, il mettait des feuilles de chou dans une glacière, puis les glissait sous son casque, en les changeant toutes les deux manches. On raconte qu'il devait utiliser deux feuilles de chou à chaque fois, en raison de sa grosse tête !

5. Il y a entre 300 et 500 petites cavités sur une balle de golf.

Le nombre de cavités, appelées aussi fossettes, sur une balle de golf diffère selon le fabricant, mais il se situe généralement entre 300 et 500. T'es-tu déjà demandé pourquoi. C'est parce qu'elles créent des turbulences, c'est-à-dire un flux d'air irrégulier. Ainsi, lorsqu'elles sont frappées, les balles vont plus haut et plus loin ! Les balles de golf utilisent le même principe physique que les avions pour voler. Et, comme cela se passe pour beaucoup de grandes inventions, c'est une découverte due au hasard. Les premiers golfeurs se sont rendus compte que les balles à la surface irrégulière parcouraient une plus grande distance et allaient plus haut que les balles lisses. Ils ont donc

commencé à faire faire des petits points « en creux » dans les balles, et bientôt, ces fossettes sont devenues la norme.

6. Le tir à la corde était autrefois une discipline olympique.

De 1900 à 1920, le tir à la corde faisait partie des Jeux olympiques. As-tu déjà joué à ce jeu à l'école ou avec un animal de compagnie ? Les chiens adorent y jouer généralement ! Mais sais-tu que ce sport remonte à environ 500 ans avant notre ère, à l'époque des Jeux olympiques antiques. Cette discipline opposait deux équipes de huit personnes tirant chacune sur une grande corde, dans une épreuve de force. L'équipe la plus forte gagnait la médaille d'or ! La prochaine fois que tu feras du tir à la corde dans la cour de récréation, souviens-toi que tu joues à un sport ancien qui faisait autrefois partie des Jeux olympiques !

7. Les gauchers ont de meilleures performances en sport.

Bien que seulement 10 % de la population mondiale soit gauchère, beaucoup de grands sportifs le sont ! Dans la nature, les animaux dont le côté gauche l'emporte sur le droit ont un avantage contre les prédateurs. Les escargots de mer sont orientés vers la gauche et sont mieux protégés contre les crabes velus, dont la pince droite est plus grosse que la gauche. Il est dit que, puisque la plupart des créatures préfèrent la droite, tout ce qui préfère la gauche crée un élément de surprise. Par conséquent, en matière de sport, un lanceur qui utilise sa main gauche peut surprendre ses adversaires par sa façon inhabituelle de lancer. Il en va de même pour les sports tels que la boxe ! Un boxeur gaucher prend son adversaire par surprise, car ce dernier risque fort de s'attendre instinctivement à ce que ses coups viennent de la droite. Être gaucher, c'est parfois un joli avantage !

8. Les personnes aux yeux bruns ont une meilleure visée et une plus grande réactivité que celles aux yeux bleus.

La taille donne des avantages aux basketteurs, tandis que la vitesse et la force sont privilégiées dans le football. Chaque sport requiert certaines compétences spécifiques de la part de ses joueurs, mais sais-tu que la couleur des yeux peut également avoir une influence ?

Une étude scientifique menée à l'Université de Louisiane suggère que les personnes aux yeux bruns réagissent plus rapidement que les personnes aux yeux bleus. Toutefois, cela ne s'applique qu'aux sports rapides et réactifs tels que la boxe ou la frappe d'une balle. D'autres sports, comme le lancer d'une balle de baseball ou le bowling, sont considérés comme des sports dans lesquels tu peux décider de ton propre rythme, c'est-à-dire que tu avances à la vitesse qui te convient. Dans ce type de sport, les personnes aux yeux bleus ont obtenu des résultats nettement supérieurs à ceux des personnes aux yeux bruns. Pourquoi cette différence ? Il te reste à essayer et tu

découvriras dans quel type de sport tu es le plus doué
et si cela a un rapport avec la couleur de tes yeux !

9. En Thaïlande, le cerf-volant est un sport professionnel.

As-tu déjà fait voler un cerf-volant ? C'est un passe-temps si simple que certaines personnes ne le considèrent même pas comme un sport. Mais sais-tu qu'en Thaïlande, le cerf-volant est l'un des sports les plus populaires et les plus importants ? C'est absolument vrai ! Ainsi… Au printemps, en Thaïlande, tu peux voir toutes les sortes de cerfs-volants flotter dans le ciel. Il existe également des cerfs-volants qui émettent des sons relaxants et agréables. Cependant, ce sport n'est pas toujours aussi paisible. Pour participer à une compétition de cerf-volant, il doit y avoir deux équipes. En Thaïlande, on les appelle *pakpao* et *chula*. Pour gagner, une équipe doit faire tomber le cerf-volant de l'autre. C'est presque comme un combat de cerfs-volants ! La prochaine fois que tu feras voler un cerf-volant, demande à un ami de participer !

10. Les premières olympiades de l'histoire ont été remportées par un cuisinier.

Participer à une compétition est difficile. Tu dois courir très vite et sur une longue distance. Il est donc naturel que ce soit un athlète entraîné qui concoure et remporte la course, non ? Cependant, la toute première olympiade a été remportée par un citoyen ordinaire, un cuisinier appelé Koroibos, parfois orthographié Coroebus, qui est devenu le premier champion olympique et a été couronné pour cela ! Il reste à mentionner que cela s'est passé en l'an 776 avant notre ère. Peut-être que les règles des compétitions étaient moins exigeantes à l'époque. Il s'agissait d'une course de 192 mètres, correspondant à une longueur de stade. Participer à des compétitions de ce genre pourrait faire de toi un médaillé olympique ! Eh oui ! L'histoire de Koroibos montre qu'il n'est pas nécessaire d'être un athlète pour réaliser de grandes choses. Il a fait de son mieux et est ainsi entré dans l'histoire comme étant le premier champion olympique. Alors, fais comme lui et essaye ! Tu ne sais jamais ce qui peut arriver !

1. La Russie n'est qu'à environ trois kilomètres de l'Alaska.

Deux des plus grands pays du monde ne sont séparés que par trois kilomètres environ. Il s'agit de la Sibérie et des États-Unis. La Russie, dont la Sibérie fait partie, est la plus grande nation du monde. Les États-Unis occupent la quatrième place en matière de surface. N'oublie pas que même si l'Alaska est loin des autres États, elle fait partie des États-Unis, tout comme les petites îles au large des côtes.

À seulement 40 km de la côte de l'Alaska se trouve une île appelée Little Diomede. À approximativement 3,8 km de là, une autre île, appelée Big Diomede, est considérée comme appartenant à la Russie. Comme ces deux îles ne sont séparées que par 3,8 km, nous pouvons considérer que géographiquement la Russie et l'Alaska sont distants d'approximativement 3 km ! Cependant, le voyage de l'Alaska vers la Russie n'est

pas aussi court que ça. En effet, malgré la petite distance qui sépare ces îles, il faut 21 heures — sur ta montre — pour aller d'une île à l'autre ! Parfois, ces îles sont appelées l'île d'hier et l'île de demain. Tu penses peut-être que cela n'a pas de sens parce qu'elles ne sont séparées que par deux heures de trajet !

Pourtant, c'est vrai ! Big Diomede, la Yesterday's Island (en français l'île d'hier), présente un gros décalage horaire par rapport à Little Diomede. Cette dernière est dans le même fuseau horaire que l'Alaska, tandis que Big Diomede est dans le même fuseau horaire que la Russie. Ce qui fait qu'il y a 21 heures de différence ! Et 20 heures en été. Les fuseaux horaires perturbent parfois les choses !

2. Hawaï se rapproche de l'Alaska de 7,5 cm chaque année.

Sais-tu qu'il y a des plaques géantes sous tes pieds qui bougent constamment ? Ce sont des énormes morceaux de la croûte terrestre ! On les appelle plaques tectoniques et elles font partie du plancher océanique et des continents. Ces plaques se déplacent

constamment dans des directions différentes, mais lorsqu'elles entrent en collision, la pression s'accumule et provoque des tremblements de terre ! Comme ces plaques sont toujours en mouvement, cela signifie que les pays, les continents et les États le sont aussi.

L'archipel d'Hawaï est situé sur la plaque du Pacifique, qui se déplace lentement vers le nord-ouest en direction de l'Alaska. Détail amusant… Ces plaques tectoniques se déplacent à la même vitesse que tes ongles poussent. Ainsi, lorsque tu vois que tes ongles ont poussé, tu peux dire sans risque de te tromper qu'Hawaï s'est rapproché un peu plus de l'Alaska. Peut-être que dans mille ans, il sera possible de marcher d'Hawaï à l'Alaska !

3. Le volcan Kilauea est le volcan le plus actif du monde.

Voici un autre fait intéressant concernant Hawaï ! C'est là que se trouve le volcan le plus actif du monde, le mont Kilauea. Kilauea signifie « nuage de fumée ascendant » en hawaïen ! Par le passé, la partie inférieure du volcan était remplie de lave et est entrée en éruption à plusieurs reprises, créant

ce que nous appelons le cratère Halema'uma'u, le plus actif en raison de la chaleur et de la lave qu'il contient. La légende veut que Halema'uma'u soit la demeure de Pélé, la déesse hawaïenne du feu. Elle doit être très occupée, car le Mont Kilauea entre en éruption très fréquemment ! Cependant, ce n'est pas le genre d'éruption spectaculaire que tu peux voir à la télévision. Il n'y a pas de magma chaud qui s'écoule le long des pentes de la montagne. Ce serait sûrement beau à voir, mais peu agréable à vivre! Les éruptions s'écoulent dans le Halema'uma'u et créent un lac de lave à l'intérieur du cratère. En 1955, toutefois, le volcan est entré en éruption. Cette dernière a été accompagnée de plusieurs tremblements de terre, la lave a dévalé les flancs de la montagne et détruit près de dix kilomètres carrés de terres agricoles environnantes. Espérons que personne ne sera dans les environs d'Hawaï lorsque le Kilauea explosera !

4. Aux Philippines, il y a une île, au milieu d'un lac, lui-même situé sur une île.

Cela ressemble à un exercice de prononciation. Lis ceci à voix haute. Il y a une île dans un lac,

sur une île qui est dans un lac… sur une île. Est-ce que tu as tout compris et surtout comment cela est-il possible ? Le lac Taal se trouve sur une île appelée Luzon, dans le nord des Philippines. Donc, c'est bien un lac sur une île. Au milieu du lac Taal, il y a une petite île appelée Volcano Island, et sur Volcano Island, il y a un autre lac appelé Crater Lake, qui a aussi une île au milieu appelée Vulcan Point. Pour être bien clair : il y a un lac sur une île, et sur ce lac il y a une île qui a aussi un lac, qui a aussi une île. Tu as tout compris ? Ce phénomène s'est également produit au Canada, où il y a un lac sur une île et des îles sur le lac. C'est un peu difficile à suivre !

5. L'Antarctique est un désert.

Qu'est-ce qui fait qu'un désert est un désert ? Un désert, a-t-il obligatoirement du sable et des cactus ? Est-ce qu'un désert est très sec avec très peu de pluie ? Peut-être penses-tu qu'un désert n'est qu'une terre stérile avec des dunes de sable, car c'est ainsi que sont la plupart des déserts ! Pourtant, l'Antarctique est aussi un désert. C'est même le plus grand désert du monde ! Un désert est une zone dans

laquelle il y a très peu de pluie et de neige, pas d'eau liquide sur le sol et très peu de plantes et d'animaux. Tu pourrais penser : « Mais l'Antarctique est gelé ! Il doit y avoir de l'eau avec tous ces glaciers ! » Et tu aurais raison ! L'Antarctique a beaucoup d'eau, mais elle est sous forme de glace qui ne fond jamais, même en été. Et il n'y a pas de vapeur d'eau ou d'humidité dans l'air, car le froid est si intense qu'il gèle tout. Cela en fait le continent le plus sec du monde ! Savais-tu qu'un désert pouvait être froid ? Et un désert froid est tout aussi dangereux qu'un désert chaud. Ainsi, quiconque visite l'Antarctique visite un désert ! Cela fait-il des manchots, qui ressemblent beaucoup aux pingouins, des animaux du désert ? On peut dire que oui !

6. Le parc national de Yellowstone est un super volcan.

Il y a les volcans, et puis il y a les super volcans. Qu'est-ce qui fait d'un volcan normal un super volcan ? Tout dépend de cette chose appelée l'indice d'explosivité volcanique, qui est un indicateur assez intéressant. Cet indice d'explosivité évalue la taille

et le danger des éruptions. Si un volcan entre en éruption et atteint le niveau 8, il est classé comme super volcan. En résumé, ce sont de très grands volcans qui peuvent produire de grandes quantités de lave. Voilà qui semble dangereux, mais il y a un super volcan dans l'un des parcs nationaux les plus visités des États-Unis ! Le parc national de Yellowstone abrite la Caldera, un volcan géant qui s'étend sur deux États des USA et qui a la taille de l'État de Rhode Island. La lave alimente les geysers et les sources d'eau chaude de Yellowstone, voilà pourquoi ce parc national est chaud et humide. Bien que la Caldera soit un volcan actif, les scientifiques estiment qu'il n'entrera pas en éruption avant un petit moment. Tu peux donc y passer des vacances… pour l'instant !

7. Le Kentucky compte plus de grottes que toute autre région du monde.

Sais-tu que le Kentucky détient le record mondial du plus long réseau de grottes connu de l'homme ? Sous les pieds des habitants de cet État, se trouve un labyrinthe appelé Mammoth Cave, dont environ 640 km ont été découverts, mais les chercheurs des parcs

nationaux américains estiment qu'il y a en réalité de 965 km de galeries, dont une grande partie est encore inexplorée aujourd'hui ! Certains prétendent que tout ce qui existe sur Terre a déjà été découvert, mais cela ne s'applique pas à la grotte Mammouth. Veux-tu explorer le reste ? Apporte une torche, car il fait très sombre là-dedans ! Il existe à cet endroit une espèce de poisson qui s'est tellement habituée à l'obscurité qu'au cours de son évolution elle a perdu ses yeux. Et effectivement ce poisson, appelé le poisson des cavernes, est aveugle ! Donc, ne le laisse jamais conduire une voiture. Bon, c'est une blague.

Revenons dans la grotte Mammouth. Elle est souvent considérée comme une capsule temporelle, car elle conserve approximativement 5 000 ans d'histoire de l'humanité ! Peux-tu t'imaginer marcher dans le même réseau de grottes que celui qu'utilisaient les premiers humains, il y a très longtemps ?

8. Il peut neiger dans le désert du Sahara.

Le désert du Sahara est très chaud et, comme tu le sais, dans les endroits chauds, il ne neige pas, en

général. De plus, comme tu l'as vu sur l'Antarctique, tu sais à présent qu'il n'y a pas d'humidité dans le désert, pas même dans l'air. La neige a besoin d'humidité et de basses températures pour se former. Mais alors, comment pourrait-il neiger dans l'un des endroits les plus chauds de la planète ? C'est certainement rare, mais ce n'est pas impossible. Les déserts sont très froids la nuit, atteignant parfois des températures de l'ordre de -15 °C. Le désert est traditionnellement entouré d'océans, de mers et de montagnes. L'humidité de ces étendues d'eau gèle dans l'air s'il fait suffisamment froid, et tombe ensuite sur les bords du désert. La nuit, lorsque le sable est froid, la neige peut rester au sol pendant un certain temps. Ainsi, si tu visites certaines zones montagneuses du désert du Sahara, tu peux voir de la neige sur le sable rouge !

9. Le nom complet de Bangkok est composé de 163 lettres.

Bangkok est la capitale de la Thaïlande, connue pour sa vie animée et ses nombreux temples. Mais ce que beaucoup ne savent pas, c'est que Bangkok n'est pas le vrai nom de la ville, seulement

son surnom ! As-tu aussi un surnom comme la capitale de la Thaïlande ?

Alors, souhaites-tu connaître le nom exact de Bangkok ? C'est *Krung Thep Mahanakhon Amon Rattanakosin Mahinthara Yuthaya Mahadilok Phop Noppharat Ratchathani Burirom Udom Ratchaniwet Mahasathan Amon Piman Awatan Sathit Sakkathattiya Witsanukam Prasit.* Essaye de le lire à haute voix ! Si tu visites un jour la Thaïlande, tu pourras impressionner les habitants en leur disant que tu connais le vrai nom de leur capitale !

10. La fosse des Mariannes est le point le plus profond sur la planète Terre.

Sais-tu que l'endroit le plus sombre et le plus profond du monde se trouve dans l'océan Pacifique ? Ce lieu s'appelle la fosse des Mariannes et a une profondeur de près de 11 000 mètres. Si le Mont Everest se trouvait au fond de la fosse des Mariannes, le sommet de la montagne serait toujours à 2 000 mètres sous le niveau de la mer.

Seules deux personnes ont atteint le fond de la fosse des Mariannes, il s'agit de Jacques Piccard et du lieutenant de marine Don Walsh.

Il y a cinquante ans, ces deux hommes ont embarqué à bord d'un sous-marin spécial, un bathyscaphe, et se sont dirigés vers la partie la plus profonde de la fosse. Mais compte tenu des conditions, ils n'ont pu prendre de photos. Ils ont rapporté avoir vu un poisson plat faisant penser à une sole, nager autour de leur bathyscaphe. Les scientifiques savent encore très peu de choses sur ce qui existe dans les profondeurs de ce monde extraordinaire. D'autres expéditions organisées depuis ont permis de faire des photos.

Si tu nages jusqu'au fond de l'océan, la pression de l'eau augmente jusqu'à atteindre des conditions insupportables. C'est pourquoi des instruments et des vaisseaux spéciaux sont nécessaires pour explorer les fonds marins ! Certains scientifiques pensent qu'aucun animal ne pourrait survivre au fond de l'océan en raison de la pression. D'autres n'en sont pas si sûrs. Il y a des êtres vivants dans la fosse des Mariannes, notamment un poisson-fantôme, observé en 2014 !

En outre, la fosse possède plusieurs étranges volcans sous-marins. Sais-tu qu'il peut y avoir des volcans sous-marins ? Ils activent des éruptions de liquide chaud à environ 102 °C et possèdent même des piscines de soufre fondu, ce qui ne peut se voir nulle part ailleurs sur la planète. Aimerais-tu explorer cette fosse un jour ?

Peut-être peux-tu construire un bathyscaphe et être la prochaine personne à atteindre le fond ?!

1. Il fut un temps où l'utilisation de fourchettes était considérée comme une offense.

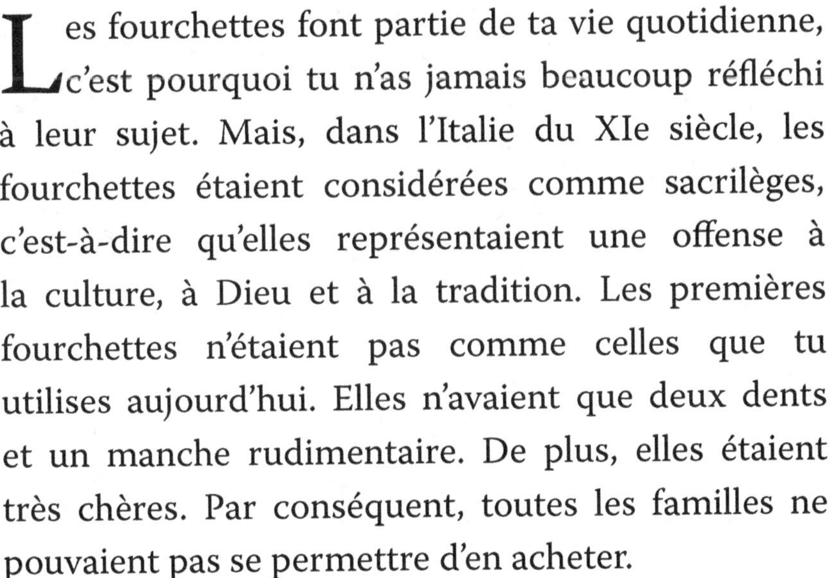

Les fourchettes font partie de ta vie quotidienne, c'est pourquoi tu n'as jamais beaucoup réfléchi à leur sujet. Mais, dans l'Italie du XIe siècle, les fourchettes étaient considérées comme sacrilèges, c'est-à-dire qu'elles représentaient une offense à la culture, à Dieu et à la tradition. Les premières fourchettes n'étaient pas comme celles que tu utilises aujourd'hui. Elles n'avaient que deux dents et un manche rudimentaire. De plus, elles étaient très chères. Par conséquent, toutes les familles ne pouvaient pas se permettre d'en acheter.

La plupart des gens mangeaient avec leurs mains, et pour certains, il n'était pas question d'utiliser des fourchettes !

Au XIe siècle, l'Église affirmait que Dieu avait créé les êtres humains avec des doigts pour qu'ils puissent

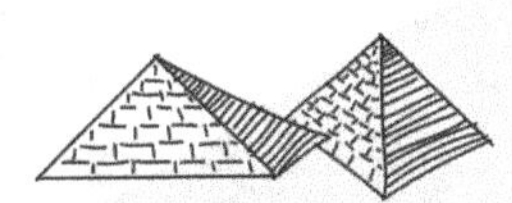

toucher et manger la nourriture. L'utilisation d'une fourchette était donc considérée comme offensante. Pendant une centaine d'années, le peuple est resté opposé à l'utilisation de fourchettes à table, mais les familles des classes supérieures ont progressivement commencé à s'en servir, malgré la désapprobation de l'Église. On raconte aussi que des nobles utilisaient des fourchettes pour se battre en duel, mais cela n'a pas été prouvé. Lorsque tu dîneras ce soir, pense à la longue et curieuse histoire de ta fourchette.

2. À une époque, le ketchup était vendu comme un médicament.

Mangerais-tu du ketchup à cause de ses bienfaits sur ta santé ? Probablement pas ! Mais au XIXe siècle, c'est exactement ce que les gens faisaient. Le ketchup des années 1800 était très différent de celui que tu connais aujourd'hui. Il était fabriqué à partir de poisson ou de champignons. En 1834, le Dr John Cooke Bennett a ajouté des tomates à ce mélange, le rendant plus proche de la sauce que tu connais aujourd'hui. Le médecin prétendait que son ketchup pouvait guérir les maux d'estomac, ainsi que d'autres

problèmes médicaux graves. Il avait même engagé une personne pour produire sa recette de ketchup sous forme de pilules ! Bien sûr, le ketchup n'a jamais guéri aucune maladie. Au mieux, il a empêché des gens de mourir de faim. Vers 1850, l'industrie de la médecine à base de ketchup s'est effondrée. La morale de l'histoire est la suivante… Le ketchup n'est pas très utile comme médicament, mais il est génial sur les frites !

3. La guerre la plus courte de l'histoire a duré 40 minutes.

Le 27 août 1896, cinq navires de la Royal Navy britannique attaquent le palais royal de Zanzibar. En effet, après la mort du sultan, roi de Zanzibar, son neveu est arrivé au pouvoir. Les Britanniques le considèrent comme trop indépendant et craignent pour le contrôle qu'ils exercent sur le pays. Ils mettent alors le cap sur Zanzibar et donnent un choix au nouveau sultan qui peut soit se rendre, soit être attaqué.

Après une heure d'attente, le nouveau sultan n'a toujours pas pris sa décision. La Royal Navy britannique commence donc à attaquer ! Le palais est détruit et le sultan s'enfuit. Au bout de 40 minutes de guerre, un drapeau blanc est hissé et Zanzibar se rend aux Britanniques. Il s'agit de la guerre la plus courte de l'histoire, souvent appelée la guerre anglo-zanzibarite de 1896. Ah… si seulement toutes les guerres étaient aussi courtes ! Et mieux, s'il n'y avait plus de guerre du tout !

4. Thomas Edison n'a pas inventé l'ampoule électrique.

Thomas Edison est généralement considéré comme l'homme qui a inventé l'ampoule électrique, mais est-ce vraiment lui ? Et bien, non ! Il a contribué à la création de l'ampoule électrique, mais plusieurs inventeurs, ingénieurs et scientifiques se sont occupés des utilisations pratiques de l'électricité. En 1800, un inventeur italien nommé Alessandro Volta a mis au point un moyen de produire de l'électricité

grâce à un appareil fait de carton, d'eau salée, de cuivre et de zinc. Cette invention considérée comme une pile, était capable de produire de la lumière ! Peu de temps après que Volta eût présenté son invention au monde, d'autres inventeurs ont entrepris des expériences sur l'électricité. C'est un homme nommé Humphrey Davy qui a inventé la première ampoule électrique. Cette ampoule brillait comme celles que tu connais aujourd'hui, mais malheureusement, elle brûlait rapidement et ne pouvait pas être utilisée dans les maisons. C'est le chimiste anglais Joseph Swan qui a finalement créé une ampoule électrique qui fonctionne efficacement. Tout ce que Thomas Edison a fait, c'est d'ajuster une partie de l'ampoule pour qu'elle fonctionne mieux et qu'elle puisse être utilisée à l'intérieur des lieux d'habitation. Joseph Swan a adopté les modifications de Thomas Edison et a créé une entreprise d'ampoules électriques, que Thomas Edison a ensuite attaquée en justice, pour violation de brevet.

Un brevet industriel prouve légalement qu'une personne a inventé quelque chose, tandis que la violation de brevet c'est l'acte de voler l'idée d'une autre personne. Finalement, les deux hommes ont

mis de côté leurs disputes et ont uni leurs forces pour créer une entreprise portant leurs deux noms.

5. Il fut un temps où les ananas étaient un symbole de statut social.

Il est facile de deviner lorsque quelqu'un dispose d'un statut élevé. Il porte peut-être des vêtements chics, a une grande maison ou conduit une belle voiture. C'était la même chose pour les Anglais dans les années 1700, mais ils montraient leur statut avec quelque chose d'étonnant, l'ananas ! Ce gros fruit était placé sur la table dans l'espoir d'impressionner les invités. Les gens portaient des ananas sous le bras comme des sacs et engageaient des gardes du corps pour s'assurer que personne ne les volait.

Personne ne mangeait ces ananas, car ils étaient très chers et très précieux. Les gens les apportaient à des fêtes et à des événements jusqu'à ce qu'ils pourrissent. Il était même possible de louer un ananas pour une fête ! En 1770, l'expression « Un ananas de la plus fine des saveurs » était utilisée pour parler du meilleur

du meilleur. Mais pourquoi tant d'agitation autour d'un fruit ? Parce que l'ananas était alors inconnu des Anglais qui attribuaient une signification forte à ce fruit. De plus, il était assez coûteux de l'importer en Angleterre depuis les pays d'origine, et seules certaines personnes aisées pouvaient en acheter ou en louer. T'imagines-tu aujourd'hui louer un fruit ou en emporter un avec toi pour le montrer à tes amis ? Pourquoi ne pas le manger tout simplement !

6. L'hymne royal des Anglais est en fait un hymne français

Comme tu le sais peut-être l'hymne national des Anglais s'appelle le « God save the king » ce qui veut dire « Dieu protège le roi ». Si c'est une reine, on dit « God save the queen ». Tu l'as surement entendu à la télévision quand il se passe quelque chose d'important en Angleterre ou avant un match de foot, par exemple. Beaucoup de gens pensent que cet hymne a été composé par un musicien anglais, ce serait normal n'est-ce pas ! Et bien, pas du tout.

Le « God save the king » a été composé par un musicien français nommé Jean Baptiste Lully pour fêter le rétablissement du roi Louis XIV atteint d'une grave maladie. Un jour, un musicien anglais invité à Versailles a entendu cette musique et s'est dit qu'elle plairait beaucoup au roi d'Angleterre. Il est donc allé la lui présenter et ça a marché. Depuis 1745, cet air écrit pour un roi de France est devenu l'hymne royal des Britanniques.

7. Les Égyptiens de l'Antiquité utilisaient des pierres comme oreillers.

Tu aimes utiliser un oreiller ? La plupart des gens apprécient le confort de leur oreiller, un objet que les humains utilisent depuis environ 2 000 ans. Les Égyptiens de l'Antiquité, quant à eux, utilisaient un appui-tête en pierre sculptée en creux pour y reposer la tête. Apparemment, comme les lits étaient proches du sol, les Égyptiens craignaient que des insectes ne pénètrent dans leurs oreilles. Ouille ! L'appui-tête couvrait leurs oreilles pour éviter que

cela ne se produise. Peut-être n'était-ce pas une si mauvaise idée après tout.

8. Napoléon a été attaqué une fois par un groupe de lapins.

Nous considérons tous Napoléon Bonaparte comme un général redoutable. Pourtant, sa plus dure bataille a eu lieu un jour de chasse tranquille. Un des hommes de Napoléon avait organisé la chasse en achetant plus de 3 000 lapins aux éleveurs locaux. Il voulait impressionner Napoléon et s'attirer ses bonnes grâces. Mais dès que les cages ont été ouvertes, les lapins ont couru vers Napoléon et ses hommes. Celui qui avait organisé la chasse avait acheté des lapins qui n'avaient pas peur des humains ! les lapins pensaient que Napoléon et ses compagnons allaient les nourrir, alors ils se sont tous jetés sur les chasseurs, tout comme Napoléon le faisait sur ses ennemis ! Les hommes sont tombés au sol en criant ! Quelle conclusion peux-tu tirer de cette histoire ? Qu'il ne faut jamais sous-estimer un lapin qui a faim !

9. George Washington n'avait pas de dents en bois.

As-tu déjà entendu dire que le premier président des États-Unis avait des dents en bois ? S'il est vrai qu'il avait un dentier, c'est-à-dire de fausses dents, celles-ci n'étaient pas en bois ! Lorsque George Washington est devenu président, il n'avait plus qu'une seule dent ! Apparemment, il avait un mauvais dentiste. Il semble que le mythe des dents en bois soit né du fait que l'ivoire, dont étaient faites ses fausses dents, se fissurait, créant de petites lignes visibles. Et comme George aimait boire du vin rouge, ses dents ont fini par devenir brunes et rougeâtres. Ainsi, à cause des fissures, ses dents ressemblaient presque à du bois.

10. Autrefois, les dindes étaient vénérées par les Mayas.

En Amérique, et dans certains autres pays du monde, la dinde évoque toujours Thanksgiving, une fête qui arrive à la fin du mois de novembre et durant laquelle on mange une dinde délicieusement

farcie. Mais cet animal de la famille des gallinacés n'a pas toujours été considéré comme un mets délicat. Vers 300 avant notre ère, les Mayas considéraient les dindes comme des messagers des dieux. Les volatiles participaient aux cérémonies religieuses et étaient considérés comme des symboles de pouvoir. Ceci en raison de leur majesté et de leurs belles plumes colorées. Maintenant, nous aimons les dindes d'une manière très différente… Avec des fourchettes et des couteaux, pour Thanksgiving ou pour Noël ! Délicieux !

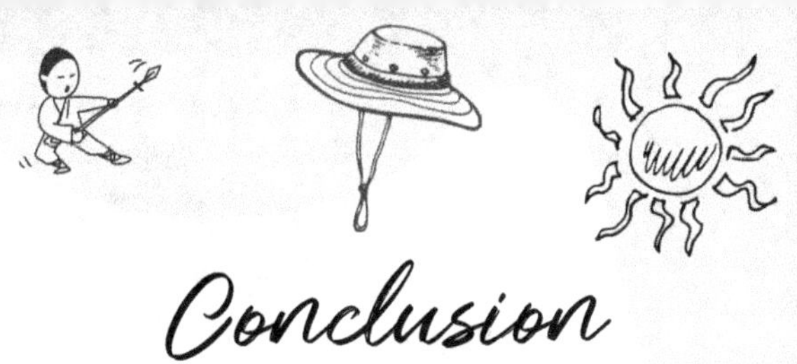

Conclusion

As-tu vu à quel point apprendre peut être amusant et passionnant ? Tu en sais maintenant davantage sur les animaux, la nature, les sciences, ton corps, l'espace, le sport et l'histoire du monde ! Quels sont tes faits ou tes histoires préférés ? As-tu aimé découvrir de nouvelles inventions et l'avenir de la technologie ? Ou bien es-tu plus passionné par la section des sports ? Était-ce intéressant d'apprendre ce que ton corps peut faire ? Ou bien en apprendre plus sur la géographie de la Terre ?

Raconte à tes amis et à ta famille les faits qui t'ont le plus impressionné. Ne garde pas toutes ces merveilleuses connaissances pour toi ! Il y a beaucoup à découvrir, étudier et comprendre, alors ne cesse jamais de chercher !

C'est l'heure du quiz !

Il est temps de vérifier ce que tu as appris ! Penses-tu pouvoir te souvenir de tout ce que tu as lu ? Voyons voir. Tu « joues le jeu » !

C'est bien de ne pas revenir en arrière pour chercher les réponses !

Tu essayes d'y réfléchir et de t'en souvenir par toi-même !

1. Quelle est la substance la plus dure dans la nature ?
   a. Acier
   b. Os
   c. Fer
   d. Diamant

2. Que vendait Nintendo avant les jeux vidéo ?
   a. Alimentation
   b. Figurines
   c. Poupées
   d. Cartes à jouer

3. Comment appelle-t-on les arcs-en-ciel qui se produisent durant la nuit ?

    a. Arcs-en-ciel lunaires

    b. Arcs-en-ciel sombres

    c. Arcs-en-ciel nocturnes

    d. Arcs-en-ciel noirs

4. Quels sont les os dont la croissance est la plus rapide ?

    a. Os des humains

    b. Os de requin

    c. Os d'alligator

    d. Bois de cerf

5. Quel est le plus proche parent vivant du T. Rex ?

    a. Homme

    b. Lézard

    c. Poulet

    d. Pigeon

6. Quelles sont les couleurs que les chiens peuvent voir ?

    a. Rouge

    b. Turquoise

    c. Orange

    d. Aucune de ces réponses

7. Quel est le nom du plus grand robot du monde ?

    a. Tradinno

    b. Dragon

    c. Shrek

    d. Mary

8. Pourquoi les nuages sont-ils blancs ?

    a. Parce qu'ils reflètent le soleil

    b. Parce que leur couleur est blanche

    c. Parce qu'ils sont peints de cette façon ?

    d. Aucune de ces réponses

9. Laquelle de ces plantes est une plante carnivore ?

    a. Violette

    b. Rose

    c. Plante cobra

    d. Plante serpent

10. De quelle couleur est l'oxygène à l'état liquide ou solide ?

    a. Rouge

    b. Jaune

    c. Marron

    d. Bleu

11. Quel est le nom de la plus grande pizza du monde ?

    a. Octavia

    b. Cleopatra

    c. Ottaviano

    d. César

12. Comment s'appelait l'homme le plus grand de tous les temps ?

    a. Robert Wadlow

    b. Ben Affleck

    c. Sultan Kosen

    d. Richard Kiel

13. Combien d'odeurs ton nez peut-il détecter ?

    a. Un million

    b. Cent

    c. Un trillion

    d. Un milliard

14. Qu'est-ce que le cérumen ?

    a. Quelque chose de dégoûtant

    b. Un type de sueur

    c. Un type de morve

    d. De la cire

15. Combien d'os ont les adultes humains ?

    a. 302

    b. 200

    c. 206

    d. 207

16. Quelles étaient les premières créatures envoyées dans l'espace ?

    a. Singes

    b. Coccinelles

    c. Humains

    d. Mouches à fruits

17. Pourquoi les traces de pneus sur la lune ne disparaissent-elles pas ?

    a. Parce qu'elles sont comme durcies ou moulées

    b. Parce qu'il n'y a pas de vent ou de pluie qui les balaient

    c. Parce que la surface de la lune est comme du béton

    d. Aucune de ces réponses

18. Quelle planète tourne en étant sur le côté ?

    a. Uranus

    b. Neptune

    c. Vénus

    d. Jupiter

19. De quoi étaient faits les premiers uniformes de baseball ?

    a. Plastique

    b. Coton

    c. Laine

    d. Fils

20. Que portait Babe Ruth sous sa casquette ?

    a. Des feuilles de chou

    b. Une serviette humide

    c. Un patch

    d. Aucune de ces réponses

21. Que signifie « Kilauea » ?

    a. Nuage de fumée qui s'élève

    b. Grand volcan

    c. Expansion

    d. Faiseur de lave

22. Quel est le nom du plus grand réseau de grottes du monde ?

    a. Kentucky

    b. Grottes Mammoth

    c. Yellowstone

    d. Aucune de ces réponses

23. Quelle est la profondeur de la fosse des Mariannes ?

    a. 11 000 mètres

    b. 12 000 mètres

    c. 15 000 mètres

    d. 14 400 mètres

24. Qui a combattu dans la guerre la plus courte du monde ?

    a. La Royal Navy britannique et les États-Unis

    b. Zanzibar et l'Espagne

    c. La Royal Navy britannique et l'Espagne

    d. Zanzibar et la Royal Navy britannique

25. Qui a composé le « God save the king »

    a. Un anglais

    b. Un allemand

    c. Un français

    d. Un esquimau

26. De quoi étaient faites les dents de George Washington ?

    a. Ivoire

    b. Ivoire et bois

    c. Bois et métal

    d. Or et ivoire

27. Quel sport était autrefois un sport olympique ?
    a. Tir à la corde
    b. Concours de mangeurs
    c. Hula-hoop
    d. Chant

28. À quelle distance se trouve la Russie de l'Alaska ?
    a. 38 kilomètres
    b. 22 kilomètres
    c. 16 kilomètres
    d. 3 kilomètres

29. Quel est le plus haut volcan connu de l'homme ?
    a. Le mont Kilauea
    b. Le mont Olympus
    c. Le super volcan de Yellowstone
    d. Le mont Vésuve

30. Quel sport a été pratiqué sur la Lune ?
    a. Golf
    b. Baseball
    c. Tennis
    d. Athlétisme

Glossaire

A

ADN : macromolécules présentes dans presque tous les êtres vivants, porteuses de l'information génétique

Air, flux d'air : déplacement de l'air

Aluni : du verbe alunir, se poser sur la Lune

Angle : l'espace où deux lignes ou surfaces se rencontrent

Approximativement : utilisé pour montrer que quelque chose est presque, mais pas parfaitement exact

B

Brins de protéines : expression de la taille d'une macromolécule/protéine

C

Capsule temporelle : quelque chose qui conserve des objets ou des souvenirs de l'Histoire ou du passé

Cartilage : tissu flexible que tu trouves à l'intérieur de ton corps

Cérémonie : fête occasion ou procédure officielle

Classe supérieure : quelqu'un qui dispose de privilèges

Conjonctif (tissu) : tissu qui soutient, lie, ou sépare différents types de tissus et d'organes dans ton corps

Contribuer : apporter quelque chose, à un projet par exemple

Coordination : travailler conjointement sur un même projet dans un souci d'efficacité

D

Décomposer : se décomposer et pourrir, des feuilles mortes par exemple

Déshydratation : un manque de liquide dans le corps

Destination : un lieu où l'on se rend

Dichromatique (vision) : anomalie de la vision des couleurs

Dissoudre : disparaître en se désagrégeant/fondant dans un liquide

E

Écailles : petites plaques, plates et dures, protégeant l'extérieur d'un organe végétal ou d'un animal

Élimination : lorsque quelque chose se détache et est remplacé par quelque chose de nouveau

Émail : substance qui recouvre l'extérieur d'une dent

Éruption : une grande explosion puissante subite et violente d'un volcan

Excentrique : bizarre, original et différent de ce qui est commun ou courant

G

Génétique (matériel) : un groupe de gènes ou d'ADN

Génome : l'ensemble des gènes ou du matériel génétique d'une cellule ou d'un organisme

Geyser : une source d'eau très chaude projetée depuis le sol dans les airs comme le fait un jet d'eau

Gluten : partie protéique de certaines farines servant à préparer des pâtes qui gonflent comme du pain

H

Home run : point rarement marqué au baseball, à la suite d'une frappe particulière de la balle

Humanoïde : qui ressemble à un humain

Hymne (national) : chant à la gloire d'un pays

I

Industrie : processus de fabrication ou de vente de matériaux ou de services

Infini : qui se poursuit sans fin

Inflammable : qui a la capacité de s'enflammer

Instrument : un outil pour travailler ou un objet permettant de faire de la musique

Internet (trafic) : qui ou quoi est connecté à l'Internet pour collecter ou échanger des informations

Invention : quelque chose de nouveau qui a été créé ou inventé

L

Laparoscopique : se dit d'une opération chirurgicale effectuée à l'aide d'une caméra dirigée par des manettes de contrôle

M

Molécules : groupe de deux atomes ou plus maintenus ensemble par des forces connues sous le nom de liaisons chimiques

Mémoire USB : une clé USB est un petit bâton qui s'insère dans un ordinateur, qui permet de stocker ou transmettre des informations

Mutation : un changement dans quelque chose ou quelqu'un, notamment sur un plan génétique

N

Natif : personne qui appartient à l'origine à un lieu

Noble : personne appartenant à une catégorie sociale, par naissance ou par décision d'un souverain

Nutriments : ce qui fournit les minéraux et les vitamines essentiels à la croissance

O

Orbite : la trajectoire d'un corps/objet en rotation autour d'un autre objet plus grand

Ondes sonores : le son qui se propage dans l'air

P

Performance : le fait de faire quelque chose d'une façon inhabituelle et meilleure

Phénomène : une chose étrange ou rare qui se produit

Polytéréphtalate d'éthylène : du plastique

Population : le nombre de personnes dans une région

Prédateur : un animal/homme qui s'attaque naturellement à d'autres animaux

Pression : force et poids exercés sur un objet de façon continue

Programme informatique : un ensemble d'activités ou de logiciels liés entre eux sur un ordinateur

Programmeur : personne qui crée des programmes informatiques pour ordinateurs

Propulser : se déplacer brutalement avec grande vitesse

Protéines : voir Brins de protéines

R

Réfléchir : penser à quelque chose ou à une situation. Ou bien, voir une image qui est un reflet, dans un miroir par exemple

S

Sacrilège : impliquer ou commettre quelque chose de mal envers un objet sacré ou vénéré

Scandaleux : quelque chose qui cause un malaise ou un outrage parce que considéré comme offensant

Sonore, ondes sonores : le son qui se propage dans l'air

Sous-estimer : penser que quelque chose est plus petit ou plus faible qu'il ne l'est en réalité

Souvenir : objet recueilli pour le conserver ou en témoignage du passé

Spectre : une bande de couleurs produite par différents degrés de composantes de la lumière

Structure : l'arrangement de quelque chose

Superordinateur : un ordinateur très rapide et très puissant.

Surveillance : observer régulièrement quelque chose

T

Teinte : une nuance ou une variété de couleur

Trafic Internet : voir Internet

V

Vaisseau : quelque chose qui transporte ou qui voyage, sur mer ou dans l'espace

Vapeur : une substance gazeuse présente dans l'air

Vibrer : secouer et bouger très rapidement par mouvements de faible ampleur

Virus : une maladie ou un programme informatique qui se propage comme une maladie

Les bonnes réponses

1. b	2.	d	3.	a	4.	d
5. c	6.	d	7.	a	8.	a
9. c	10.	d	11.	a	12.	a
13.c	14.	b	15.	c	16.	d
17.b	18.	a	19.	c	20.	a
21.a	22.	b	23.	a	24.	d
25.b	26.	a	27.	a	28.	d
29.b	30.	a				

Du contenu en prime
Nos cadeaux pour toi...

Abonne-toi à notre bulletin d'information et reçois ces documents gratuitement !

www.specialartbooks.com/free-materials/

Suis-nous sur :

Instagram: @specialart_books

Groupe Facebook : Special Art

Site Web : www.specialartbooks.com

Impressum

Pour les questions, les réactions et les suggestions :

support@specialartbooks.com

Brice Brant, Special Art

Copyright © 2023

www.specialartbooks.com

Images by © Shutterstock

Illustration de couverture réalisée par
Maria Francesca Perifano